Das
koloniale Bergrecht.

Von

Dr. Karl Ritter

z. Z. am Hamburgischen Kolonialinstitut.

München, Berlin und Leipzig.

J. Schweitzer Verlag (Arthur Sellier).

Druck von U. E. Sebald, Kgl. Bayer. Hofbuchdruckerei, Nürnberg.

Inhaltsverzeichnis.

Abkürzungen.

DKBl. = Deutsches Kolonialblatt.

DKolGes. = Deutsche Kolonialgesetzgebung von Riebow-Zimmermann.

preuß. GesSlg. = preußische Gesetzessammlung.

RGBl. = Reichsgesetzblatt.

Literatur.

Deutsches Kolonialblatt.

Deutsche Kolonialgesetzgebung von Riebow-Zimmermann.

Klostermann, Das allgemeine Berggesetz für die preußischen Staaten vom 24. Juni 1865.

Schlimm, Das Grundstücksrecht in den deutschen Kolonien. Leipzig 1905.

Sehling, Die Rechtsverhältnisse an dem Grundeigentümer entzogenen Mineralien.

Westhoff und Schlüter, Allgemeines Berggesetz für die preußischen Staaten.

Zeitschrift für Bergrecht von Brassert.

Zeitschrift für Kolonialpolitik, -recht und -wirtschaft.

I. Einleitung.

Der Erwerb von Kolonien hat das Deutsche Reich vor große Aufgaben auf gesetzgeberischem Gebiete gestellt. Es galt zunächst, die in den Schutzgebieten vorgefundenen, einfachen staatlichen Gebilde dem Reiche staatsrechtlich anzugliedern, für die neuen Gebiete eine Verwaltungseinrichtung zu schaffen, heimische Rechtsanschauungen in der Verwaltung und Rechtspflege einzuführen und einen Ausgleich zwischen ihnen und den Rechtsgewohnheiten der Eingeborenen zu suchen. Die Entwicklung dieser gesetzgeberischen Probleme ist großenteils noch in Fluß, besonders ist das Verhältnis des europäischen Rechtes zu den andersgearteten wirtschaftlichen und kulturellen Rechtsbedürfnissen der Schutzgebiete noch nicht überall gefunden und die Existenzberechtigung der Rechtsanschauungen und -Gewohnheiten der Eingeborenen neben europäischen Rechtsbegriffen noch zu wenig anerkannt. Die Lösung dieser Fragen wird zuletzt immer von der verschiedenen Auffassung über Zweck und Endziel aller kolonisatorischer Tätigkeit abhängen; davon, ob dieser letzte Zweck nur in dem wirtschaftlichen Interesse des Mutterlandes an der Entwicklung der Schutzgebiete gefunden wird, was immer mehr oder weniger zu einer Politik der Ausbeutung der Schutzgebiete führen wird oder ob den Schutzgebieten ein Selbstzweck in ihrer Existenz und Entwicklung zugestanden wird. Im Wandel und Streite der Meinungen über dieses letzte Problem der Kolonisation hat darüber aber immer Einigkeit geherrscht, daß die Schutzgebiete wirtschaftlich entwickelt werden müßten, gleichviel ob dies nun im Interesse des Mutterlandes oder des Schutzgebietes selbst geschehen solle. Daher hat auch die Gesetzgebung sich von vornherein sehr eingehend mit den wirtschaftlichen Verhältnissen in den Schutzgebieten zu befassen gehabt. Die sogenannten wirtschaftlichen Gesetze, die Vorschriften des Gewerberechtes, über Geld-, Verkehrs-, Zoll- und Steuerwesen, die Fragen der Arbeiter- und der Handelspolitik sind in zahlreichen Verordnungen behandelt worden und nehmen einen großen Teil der bisherigen kolonialen Gesetzgebung ein; die landwirtschaftliche und bergbauliche Erzeugung sind schon sehr frühzeitig in geregelte, rechtliche Bahnen gelenkt worden. Besonders auf das zuletzt genannte Gebiet wirtschaftlicher Tätigkeit, den Bergbau, hat sich die wirtschaftliche und gesetzgeberische Tätigkeit sehr frühzeitig gelenkt. Die große Diamant- und Golderzeugung und die mächtigen Kupfervorkommen in den benachbarten, englischen Schutzgebieten ließen die Hoffnung und Vermutung auf ähnliche Schätze im Boden der deutschen Schutzgebiete entstehen. Daher hat sich im Bergbau eher als in anderen Erwerbszweigen in den deutschen Schutzgebieten eine rührige Tätigkeit gezeigt. Der regen bergmännischen Tätigkeit ist das Bedürfnis nach rechtlicher Regelung der Bergbauverhältnisse gefolgt. Dieses Bedürfnis hat zu zahlreichen bergrechtlichen Verordnungen geführt, die zuerst für das Gebiet einzelner Schutzgebiete erlassen worden sind und für Südwestafrika und Ostafrika besonders umfangreich waren. Seit 1905/06 sind diese Einzelverordnungen aufgehoben und ist das Bergrecht für alle unter der Verwaltung des Kolonialamtes stehenden Schutzgebiete einheitlich geregelt worden. Es ist daher jetzt schon möglich, dieses Gebiet des kolonialen Rechtes von einem einheitlichen Gesichtspunkte aus darzustellen und dem System des geltenden heimischen Bergrechtes anzufügen.

II. Rechtsentwicklung.

Die koloniale Berggesetzgebung beruht wie die ganze koloniale Gesetzgebung auf dem Gesetze betr. die Rechtsverhältnisse in den Schutzgebieten vom 17. April 1886 (RGBl. 75), das durch mehrere Novellen abgeändert worden ist und jetzt in der Fassung vom 10. September 1900 (RGBl. 813) gilt. Diese mehrfachen Änderungen haben die Rechtsentwicklung der ganzen kolonialen Gesetzgebung, besonders aber die des Bergrechtes etwas kompliziert gemacht. Die bürgerlichen Rechtsverhältnisse regelt das Schutzgebietsgesetz in der Weise, daß es hierfür die Vorschriften des Konsulargerichtsbarkeitsgesetzes vom 10. Juli 1879 für anwendbar erklärt, das jetzt ebenfalls in neuer Fassung vom 7. April 1900 (RGBl. 213) gilt und eben dieses Gesetz setzt in seinem § 19 für seinen Bereich die dem bürgerlichen Rechte angehörenden Vorschriften der Reichsgesetze und den daneben innerhalb Preußens im bisherigen Gebiete des preußischen allgemeinen

Landrechtes in Kraft stehenden allgemeinen Gesetze in Geltung. Zu diesen preußischen Gesetzen gehört das allgemeine preußische Berggesetz vom 21. Juni 1865 (preuß. GesSlg. 705). Diese grundsätzliche Regelung des Bergrechtes auf Grund des SchGG. von 1886 wird aber durch die Vorschrift des SchGG. vom 7. Juli 1887 (RGBl. 307) durchbrochen, daß die Rechtsverhältnisse an Grundstücken durch kaiserliche Verordnung abweichend von dem KonsGG. geordnet werden können. Um Zweifeln, ob zu diesen Rechtsverhältnissen an Grundstücken auch das Bergwerkseigentum gehört, zu begegnen, bestimmt die Novelle zum SchGG. vom 15. März 1888 (RGBl. 71) ausdrücklich, daß auch die Rechtsverhältnisse am Bergwerkseigentum abweichend geregelt werden können. Den gleichen Weg schlägt das SchGG. in der jetzt geltenden Fassung ein, indem es in § 3 auf die §§ 19 und 21 KonsGG. vom 7. April 1900 verweist. Auf Grund des § 3 SchGG. und § 21 KonsGG. ist dann die kaiserliche Verordnung vom 9. November 1900 ergangen, die die Ausführungsbestimmungen zum SchGG. enthält und in § 3 bestimmt, daß die in § 19 KonsGG. bezeichneten, dem bürgerlichen Rechte angehörenden Vorschriften außer Anwendung bleiben, soweit sie Rechte an Grundstücken und das Bergwerkseigentum betreffen. Damit ist das preußische allgemeine Berggesetz vom Jahre 1865 für die Schutzgebiete außer Kraft gesetzt worden. In der Zeitschrift für Bergrecht Bd. 42 S. 130 ist zwar die Meinung ausgesprochen, daß dadurch nur die speziellen Vorschriften der Reichs- und preußischen Gesetze über das „Bergwerkseigentum" selbst außer Kraft gesetzt worden seien, nicht aber das preußische Berggesetz in seiner Gesamtheit. Diese Ansicht ist aber mit Recht in der gleichen Zeitschrift Bd. 51 S. 233 als unrichtig bezeichnet worden. Wenn auch zuzugeben ist, daß der Ausdruck „Rechtsverhältnisse am Bergwerkseigentum" als Bezeichnung für das ganze Gebiet des Bergrechtes etwas ungenau ist, so würde man dem Gesetzgeber doch eine noch größere Ungenauigkeit im Ausdruck zutrauen müssen, wenn man zu der in Bd. 42 S. 130 vertretenen Ansicht gelangen will. Es wäre in der Tat sehr schwierig zu entscheiden, welche Bestimmungen des preußischen Berggesetzes dann außer Kraft gesetzt sein sollten, welche nicht. Denn schließlich handeln alle materiellrechtlichen bergrechtlichen Vorschriften vom Bergwerkseigentum, mögen sie nun seinen Erwerb, seine Übertragung oder seine Aufhebung betreffen. Es blieben dann nur noch die formellen Bestimmungen des preußischen Berggesetzes für die Geltung in den Schutzgebieten übrig, was doch gewiß nicht als der Wille des Gesetzgebers zu betrachten ist; denn gerade Formvorschriften sind am wenigsten dazu geeignet, auf die Schutzgebietsverhältnisse übertragen zu werden. Der erwähnte § 3 der Verordnung vom 9. November 1900 ist zwar selbst wieder aufgehoben durch § 28 Ziffer 8 der kaiserlichen Verordnung betr. die Rechte an Grundstücken in den Schutzgebieten vom 21. November 1902 (RGBl. 283). Dadurch ist die Rechtslage aber unverändert geblieben, da in § 2 Abs. 2 und 3 die Grundstückverordnung inhaltlich dieselbe Bestimmung trifft wie der aufgehobene § 3 der Ausführungsverordnung zum SchGG.; nämlich, daß für die Rechtsverhältnisse am Bergwerkseigentum die in § 19 KonsGG. genannten Gesetze nicht gelten sollen. Dem Reichskanzler wird zwar zugleich die Befugnis erteilt, diese in § 19 KonsGG. genannten Gesetze für das Bergwerkseigentum in den Schutzgebieten für anwendbar zu erklären; der Reichskanzler hat von dieser Befugnis aber keinen Gebrauch gemacht.

Die Rechtslage ist also die, daß für das koloniale Bergrecht bis zur SchGG.-Novelle vom 7. Juli 1887 und 15. März 1888 das preußische allgemeine Berggesetz allein und nachher bis zu der kaiserlichen Verordnung vom 9. November 1900 die auf Grund des § 3 SchGG. erlassenen kaiserlichen Verordnungen primär und das preußische Bergrecht subsidiär gegolten haben; nach der kaiserlichen Verordnung vom 9. November 1900 aber nur noch die bereits erlassenen kaiserlichen Verordnungen, zu denen noch weitere Verordnungen des Kaisers, des Reichskanzlers oder mit seiner Genehmigung der Gouverneure der einzelnen Schutzgebiete kommen konnten. Daraus geht zunächst hervor, daß der Schwerpunkt der kolonialen Berggesetzgebung im Verordnungsrechte liegt. Mit Recht. So unzweckmäßig es gewesen wäre, die aus dem deutschen Bergbau hervorgegangenen Rechtssätze, so sehr sie sich in ihm auch bewährt haben mochten, ohne weiteres auf die Schutzgebiete zu übertragen, deren rechtliche und wirtschaftliche Verhältnisse in vieler Beziehung ganz anders geartet waren; so gewagt wäre es anderseits gewesen, ein koloniales Berggesetz ohne Erfahrung in der kolonialen Gesetzgebung und ohne ein Bedürfnis für eine starre Regelung aus dem Leeren zu schaffen. Den sich erst entwickelnden und in der Entwicklung vielfach ändernden wirtschaftlichen Bedürfnissen konnte nicht der schwerfällige Apparat der Reichsgesetzgebung, sondern nur das beweglichere Verordnungsrecht folgen und gerecht werden. Weiter geht aus dem Gesagten hervor, daß überall da, wo von dem Verordnungsrechte vor der kaiserlichen Verordnung vom 9. November 1900 (RGBl. 1005) Gebrauch gemacht worden ist, von den Vorschriften des preußischen Bergrechtes abgewichen worden, denn nur für eine abweichende Regelung war das Verordnungsrecht bis dahin gegeben. Das preußische Bergrecht war das Ergebnis einer jahrhundertelangen geschichtlichen Entwicklung und seine Rechtseinrichtungen waren durch diese Entwicklung bedingt. In den Schutzgebieten war bis zu ihrer Besitzergreifung der Bergbau entweder ganz unbekannt oder, wo er betrieben wurde, geschah dies nur durch einen ganz einfachen Tagebau. Rechtsanschauungen und Gewohnheiten hatten sich bei den Eingeborenen über den Bergbau noch nicht gebildet. Wo das Einzeleigentum an Grund und Boden noch unbekannt war, konnten rechtliche Beziehungen zu den Bodenbestandteilen erst recht nicht entstanden sein. Für dieses noch ganz unberührte Gebiet suchte der Gesetzgeber nach anderen Rechtsformen. So sind die ersten Bergverordnungen in ihren grundlegenden Begriffen von dem geltenden preußischen Bergrechte abgewichen. Die ganze bergrechtliche Gesetzgebung der Kulturstaaten beruht auf drei bergrechtlichen Grund- und Gegensätzen, deren Inhalt in den Worten Verbindung von Grund- und Bergwerkseigentum, Bergregal und Bergbaufreiheit ausgedrückt ist. Das preußische Berggesetz vom Jahre 1865 hatte den Grundsatz der Bergbaufreiheit scharf ausgeprägt. Die erste koloniale Bergverordnung größeren Umfangs, die kaiserliche Verordnung vom 25. März 1888 (RGBl. 115) betr. das Bergwesen und die Gewinnung von Gold und Edelsteinen im südwestafrikanischen Schutzgebiete dagegen führt den im heimischen Bergrechte überwundenen Begriff des Bergregals wieder ein, in dem sie der deutschen Kolonialgesellschaft für Südwestafrika das Bergregal für das ganze Schutzgebiet Südwestafrika überträgt. Der Begriff des Bergregals steht in der Rechtslehre nicht fest und die Meinungen über den Inhalt des Bergregals gehen soweit auseinander, daß z. B. von der einen Rechtsanschauung der in Frankreich noch jetzt geltende code de mines vom Jahre 1810 als vom Grundsatze des Bergregals beherrscht dargestellt wird, während die anderen behauptet, daß der code de mines grundsätzlich und bewußt den das französische Bergrecht früher beherrschenden Grundsatz des Bergregals aufgegeben habe. Die Verordnung selbst gibt keine Erklärung des Begriffes Bergregal; man findet aber in den einzelnen Vorschriften der Verordnung die von Arndt gegebene Erklärung des Begriffes Bergregal als die Rechtstatsache, daß niemand kraft eigenen Rechtes, jeder nur kraft des ihm vom Regalherrn verliehenen Rechtes Bergbau betreiben darf, daß also alles Recht an Bergwerken von dem Regalherrn ausgeht. Nach der Verordnung durfte in Südwestafrika Mineralien in öffentlichen Schürfgebieten nur aufsuchen und gewinnen, wer hierzu die Erlaubnis der deutschen Kolonialgesellschaft für Südwestafrika als Regalherrn erhalten hatte. Wenn die Kolonialgesellschaft auch grundsätzlich verpflichtet war, diese Schürferlaubnis zu geben, so stand es doch im einzelnen Falle ganz in ihrem Ermessen, wem sie diese Erlaubnis geben wollte und in welchem Umfange sie Gebiete als öffentliche Schürfgebiete erklären wollte. Das Recht auf Verleihung von Bergwerkseigentum innerhalb des auf den Fund hin für öffentlich erklärten Grubengebietes teilt die Verordnung zwischen dem fündigen Schürfer, dem Grundeigentümer und dem Regalherrn, indem dem Schürfer nur ein beschränktes Vorrecht, nämlich auf die Verleihung von 5 dem Umfange nach beschränkten Bergbaufeldern gegeben wurde; nach ihm war der Grundeigentümer je nach der Größe seiner beteiligten Grundfläche und nach diesem der Regalherr vor weiteren Bewerbern mit 10 Bergbaufeldern bevorrechtigt. Dies war eine eigenartige Verbindung des Regalitätsgrundsatzes mit dem Grundsatze der Vereinigung von Grund- und Bergwerkseigentum und es ist in dieser Rechtsbildung der Einfluß des benachbarten britisch-südafrikanischen Bergrechtsgebietes zu erkennen, das ebenso wie das Bergrecht des englischen Mutterlandes und das Nordamerikas die Trennung von Grund- und Bergwerkseigentum nicht kennt. Daß das Bergregal nicht dem Landesfiskus von Südwestafrika, sondern einer Gesellschaft verliehen worden ist, hängt mit der von Bismarck verfolgten Richtung der Kolonialpolitik zusammen, die ganze Verwaltung und wirtschaftliche Erschließung der Schutzgebiete nach den großen Beispielen aus der englischen und holländischen Kolonialgeschichte privilegierten Gesellschaften zu übertragen, denen der Schutz des Heimatlandes zugesichert worden ist. Diese Richtung der Kolonialpolitik wurde aber bald wieder verlassen. In der Geschichte des kolonialen Bergrechtes findet diese Wendung ihren Ausdruck in der Aufhebung des der deutschen Kolonialgesellschaft für Südwestafrika verliehenen Bergregals und der stärkeren Betonung der staatlichen Hoheitsrechte durch die Bergverordnung für Südwestafrika vom 15. August 1889 (RGBl. 179). Durch diese Verordnung wurde die Bergverordnung vom 25. März 1888 aufgehoben und das Bergrecht für Südwestafrika neu geregelt, wobei natürlich der Bestand der bereits vorher erworbenen Bergwerksrechte von der Aufhebung der früheren Bergverordnung unberührt blieb und der deutschen Kolonialgesellschaft für Südwestafrika das Recht zugestanden wurde, in dem Gebiete, an dem ihr das Grundeigentum zustand, die Bergrechtsverhältnisse selbst zu regeln. Die neue Bergverordnung näherte sich mehr dem Grundsatze der Bergbaufreiheit, indem sie die Erteilung der Schürferlaubnis nicht mehr in das Ermessen der Bergbehörde stellte, die jetzt eine staatliche Behörde geworden ist; immerhin machte auch sie die Erteilung einer solchen Erlaubnis noch zur Voraussetzung des Schürfrechtes und ließ das Schürfen nur in den für öffentlich erklärten Schürfgebieten zu. Die Beteiligung des Grundeigentümers am Bergbaurechte war beibehalten. Auf einem ähnlichen Standpunkte stand die Verordnung, das Schürfen im Schutzgebiete Kamerun betreffend vom 28. November 1892 (RGBl. 1043), die im wesentlichen nur die Rechtsverhältnisse des Schürfens regelt und die Verordnung des kaiserlichen Gouverneurs von Deutsch-Neu-Guinea betr. den Betrieb des Bergbaues auf Edelmetalle und Edelsteine im Schutzgebiete der Neu-Guinea-Kompagnie vom 29. August 1899 (DKG. Bd. 4 S. 95).

In Deutsch-Ostafrika war dagegen von Anfang an der deutschrechtliche Grundsatz der Bergbaufreiheit zur Geltung gekommen. Die Bergverordnung für Deutsch-Ostafrika vom 9. Oktober 1898 (DKG. Bd. 3 S. 138) gestattete einem jeden die Aufsuchung von Mineralien im ganzen Schutzgebiete, mit Ausnahme der Gebiete, die dem Landesfiskus, dem Reiche oder Dritten zur ausschließlichen bergmännischen Bearbeitung vorbehalten worden sind. Eine behördliche Erlaubnis war nicht notwendig. Die Bergbehörde hatte vielmehr auf Verlangen eine beliebige Anzahl von Schürfscheinen auszustellen. Die völlige Abkehr vom Bergregale und dem damit in Südwestafrika verbundenen Bergwerkseigentum des Grundeigentümers enthielten die §§ 30, 32, 44 der Bergverordnung für Deutsch-Ostafrika, in denen bestimmt war, daß der Schürfer einen Rechtsanspruch auf die Umwandelung des ganzen von ihm belegten Schürffeldes in ein einziges Bergbaufeld hatte, ohne daß dabei die Fündigkeit oder Abbauwürdigkeit des Fundes geprüft werden müßten, und daß mit dieser Umwandelung das Bergwerkseigentum, das heißt das ausschließliche Recht der Mineralgewinnung in dem betreffenden Felde, erworben wurde. Damit war die Bergbaufreiheit im weitesten Sinne in das Bergrecht Ostafrikas eingeführt mit der Einschränkung allerdings, daß einzelne Gebiete zugunsten des Staates oder privater Unternehmer gesperrt werden konnten. In dieser Ausnahme war aber nicht eine grundsätzliche Beschränkung der Bergbaufreiheit zu sehen, sondern diese Ausnahme war durch die Besonderheit des Bergbaues in den Schutzgebieten notwendig gemacht. Systematische Schürfarbeiten können in den Schutzgebieten meist nur von großen, kostspieligen Expeditionen ausgeführt werden. Das ohnehin bedeutende Risiko eines solchen Kostenaufwandes wird ein Unternehmer nur dann auf sich nehmen können, wenn zu dem Risiko des erfolglosen Schürfens nicht noch die Gefahr kommt, daß ihm durch eine während seiner Schürfarbeiten erfolgende Belegung von Schürffeldern durch einen anderen Unternehmer im gleichen Schürfgebiete der Erfolg seiner Arbeit und Kosten genommen wird.

Im Verhältnis zum britisch-afrikanischen Bergrechte nimmt die Bergverordnung für Deutsch-Ostafrika die umgekehrte Stellung ein wie die für Deutsch-Südwestafrika. Während diese unverkennbar unter dem Einflusse des britisch-südafrikanischen Bergrechtes stand, hat die Bergverordnung für Deutsch-Ostafrika der britischen Berggesetzgebung für Britisch-Ostafrika zum Vorbilde gedient, wenigstens in dem grundlegenden Punkte: der Bergbaufreiheit. In the East Africa Mining Regulations vom Jahre 1902 (Z. f. Br. Bd. 44 S. 287,

430) ist zum ersten Male von dem Bergrechte des britischen Heimatlandes grundsätzlich abgewichen und die Trennung von Grund- und Bergwerkseigentum und die Bergbaufreiheit anerkannt worden.

Es ist nicht Aufgabe der Abhandlung, die Entwicklung des kolonialen Bergrechtes systematisch darzustellen, obwohl eine solche Darstellung nicht nur vom rechtsgeschichtlichen, sondern auch vom Standpunkte der Rechtsanwendung aus Interesse hätte. Denn bei der Frage nach der Rechtsbeständigkeit und dem Umfange der gegenwärtig bestehenden Bergwerksberechtigungen, die auf Grund der früheren Bergverordnungen entstanden sind, wird immer auf die früher geltenden Bestimmungen zurückzugreifen sein. Eine solche Darstellung würde aber den Raum für die Darstellung des jetzt geltenden Bergrechtes zu sehr beschränken und es kann hier umso eher auf sie verzichtet werden, als dieser, durch das übermäßig angewendete Verweisungssystem sehr wenig übersichtliche Rechtsstoff auch in der Zeitschrift für Bergrecht Bd. 1910 S. 217 ff. behandelt ist und die Inaugural-Dissertation von Karl Schlimm über das Grundstücksrecht der Schutzgebiete (Tübingen 1905) auf Seite 107 ff. eine nach den einzelnen Schutzgebieten geordnete Darstellung des bis zum Erlaß der Bergverordnung für Südwestafrika vom 8. August 1905 geltenden Bergrechtes der deutschen Schutzgebiete enthält*).

Es mag daher hier genügen, aus der Menge der bergrechtlichen Verordnungen aus der Zeit vor der Kodifizierung des kolonialen Bergrechtes die gemeinsamen oder entgegengesetzten Grundsätze so kurz darzustellen, wie oben geschehen ist. Wie aus dieser kurzen Darstellung zu ersehen ist, war die Rechtsentwicklung in den einzelnen Schutzgebieten selbst nicht einheitlich und im Verhältnis der Schutzgebiete zueinander teilweise sogar entgegengesetzt. Nach anfänglicher Abkehr von den Grundsätzen des deutschen Bergbaurechtes ist das koloniale Bergrecht schließlich wieder zum Grundsatze der Bergbaufreiheit zurückgekehrt, ihn in mancher Beziehung sogar noch weiter-

*) Die geschichtliche Entwicklung des kolonialen Bergrechts ist auch in der Inaugural-Dissertation Engelmann's „Das Bergrecht in den deutschen Schutzgebieten" (Erlangen 1910), von der ich erst nach Fertigstellung der vorliegenden Arbeit Kenntnis erhielt, sehr ausführlich und erschöpfend behandelt.

bildend. Es war die Zeit des gesetzgeberischen Versuchs auf dem Gebiete des kolonialen Bergrechtes. Sie hat ihren Abschluß gefunden mit der Kodifizierung des kolonialen Bergrechtes in den beiden fast gleichlautenden Bergverordnungen vom 8. August 1905 (RGBl. 717) und vom 27. Februar 1906 (RGBl. 363), von welchen die erste für Südwestafrika, die zweite für die übrigen Schutzgebiete Afrikas und der Südsee gilt. Die Bergverordnung für Südwestafrika ist am 1. Januar 1906 in Kraft getreten, die Bergverordnung für die übrigen Schutzgebiete bestimmt selbst einen Zeitpunkt nur für ihr Inkrafttreten in Togo und den Schutzgebieten der Südsee und zwar auf 1. April 1906, während für Deutsch-Ostafrika und Kamerun die Bestimmung eines Zeitpunktes den Gouverneuren überlassen ist.

Dieser Zeitpunkt ist durch Verordnung des Gouverneurs von Deutsch-Ostafrika vom 27. Juli 1906 (DKBl. 627) auf den 1. Oktober 1906, durch Verordnung des Gouverneurs von Kamerun vom 23. Dezember 1906 (DKBl. 07 S. 100) auf 1. Januar 1907 festgesetzt worden.

Zu den beiden Bergverordnungen sind je 2 Ausführungsverordnungen ergangen, die wie die Bergverordnungen selbst gleichlautend sind, nämlich die Ausführungsverordnung des Reichskanzlers für Südwestafrika vom 3. Dezember 1905 (DKBl. 732) und für die übrigen Schutzgebiete vom 26. Juli 1906 (DKBl. 835); ferner die Ausführungsverordnung des Reichskolonialamtes vom 2. Februar 1909 für Südwestafrika und Ostafrika (DKBl. 152 und 153), die nur eine Ergänzung der ersten Ausführungsverordnung ist.

Das Geltungsgebiet der Bergverordnungen deckt sich mit dem Landgebiet der Schutzgebiete, für die sie ergangen sind; zwischen eigentlichem Schutzgebiet und Hinterland oder Interessengebiet ist kein Unterschied gemacht. Die Bergverordnung gilt nicht für das unter der Verwaltung des Reichsmarineamtes stehende Schutzgebiet Kiautschou. Die bergrechtlichen Verhältnisse dieses Schutzgebietes sind besonders geregelt und sind daher auch getrennt zu besprechen.

Dem Reichskanzler und den Gouverneuren der einzelnen Schutzgebiete ist ein weitgehendes Verordnungsrecht in der Bergverordnung selbst zugestanden. Von diesem Verordnungsrechte ist mehrfach Gebrauch gemacht worden. Die Verordnungen, die auf Grund dieses

Rechtes nach den beiden Bergverordnungen ergangen sind, werden im Zusammenhange des geltenden Rechtes erwähnt werden. Alle vor den beiden Bergverordnungen ergangenen auf das Bergrecht bezüglichen Verordnungen sind durch § 98 der Bergverordnung*) aufgehoben worden. Für die Übergangszeit ist in § 98 bestimmt, daß eine nach den bisherigen Vorschriften erteilte Schürferlaubnis bis zu ihrem Ablaufe in Kraft bleibt. Für Südwestafrika, wo bis zur Bergverordnung für den Erwerb von Bergwerkseigentum ein Fund vorausgesetzt worden ist, ist weiter bestimmt, daß ein 3 Monate nach Inkrafttreten der Bergverordnung angezeigter Fund dem fündigen Schürfer das Recht gibt, binnen einer vom Gouverneur zu bestimmenden Frist mit Ausschluß anderer ein die Fundstelle einschließendes Schürffeld abzustecken.

III. Das geltende Recht.

1. Das Bergwerkseigentum.

a) Begriff des Bergwerkseigentums.

„Der Bergwerkseigentümer hat die ausschließliche Berechtigung, in einem Bergbaufelde die in § 1 genannten Mineralien aufzusuchen und zu gewinnen". Mit diesen Worten des § 51 hat die Bergverordnung — sich anlehnend an den Wortlaut des § 54 preuß. allg. Bergges. von 1865 — den wesentlichen Inhalt des Bergwerkseigentums klar umgrenzt und Stellung zu der Frage nach dem rechtlichen Begriffe des Bergwerkseigentums genommen. Der wesentliche Inhalt ist, bestimmte Mineralien aufzusuchen und zu gewinnen. Mit dem Er-

*) Die beiden Bergverordnungen sind fast ganz gleichlautend. Neben einigen formalen Verschiedenheiten in der Anordnung des gleichen Gesetzesstoffes in den §§ 5 und 6 weisen sie nur 2 materiellrechtliche Verschiedenheiten auf, nämlich in § 1 Abs. 2, wo die Zahl der bergbaufreien Mineralien für Ostafrika und die Südseeschutzgebiete etwas anders bestimmt ist als für Südwestafrika; außerdem ist mit dem § 86 für Südwestafrika eine besondere Vorschrift über die Beteiligung der Grundeigentümer an den Bergwerksabgaben gegeben. Da im übrigen die Bergverordnungen und die Ausführungsverordnungen dazu vollständig übereinstimmen, sollen im folgenden die Bergverordnungen und die Ausführungsverordnungen immer nur als eine zitiert werden. Mit §§ ohne weiteren Beisatz sind die der Bergverordnungen gemeint.

werbe des Bergwerkseigentums wird also nicht das Eigentum an den Mineralien erworben, sondern nur das Recht, sie aufzusuchen und zu gewinnen, d. h. das Recht, sich das Eigentum an ihnen durch Inbesitznahme zu verschaffen. Das Bergwerkseigentum gibt also kein körperliches Eigentumsrecht, sondern nur ein unkörperliches Aneignungsrecht. Die negative Abgrenzung gegen konkurrierende und verwandte Rechtsbegriffe ergibt zunächst, daß die Bergverordnung die Trennung von Grundeigentum und Bergwerkseigentum grundsätzlich durchgeführt hat. Nach § 1 sind die dort aufgezählten Mineralien (siehe oben S. 30) von dem Verfügungsrechte des Grundeigentümers ausgeschlossen. Die Streitfrage, ob mit dem Verfügungsrechte des Grundeigentümers auch das Eigentumsrecht ausgeschlossen ist, das ihm an diesen Mineralien als Teilen des Erdkörpers unter der Oberfläche nach § 905 BGB. eigentlich zustünde oder ob sein Eigentumsrecht weiter besteht und nur durch den Ausschluß des Verfügungsrechtes gesetzlich beschränkt ist, dürfte für die Rechtsanwendung wenig Bedeutung haben. Die Meinung, daß durch die Einführung des Grundsatzes der Trennung von Grund- und Bergwerkseigentum das Eigentumsrecht des Grundeigentümers an den betreffenden Mineralien aufgehoben worden ist und diese Mineralien als herrenlos zu betrachten sind, bis der Bergwerkseigentümer durch Inbesitznahme Eigentum an ihnen erwirbt, scheint m. E. die richtige zu sein. Damit ist jedoch nicht gesagt, daß dem Grundeigentümer der Eigentumserwerb an diesen Mineralien verschlossen sei; dies gilt für ihn nur in seiner Eigenschaft als Grundeigentümer; dagegen kann er Bergwerkseigentum an den in seinem Grund und Boden lagernden Mineralien wie jeder andere erwerben und an den nicht für bergbaufrei erklärten Mineralien seines Grundstückes steht ihm das Eigentum unberührt von bergrechtlichen Vorschriften zu. Das koloniale Bergrecht hat sich damit endgültig dem in den deutschen Bundesstaaten geltenden bergrechtlichen System angeschlossen und befindet sich mit diesem System der Trennung des Grund- und Bergwerkseigentums im Einklange mit dem in Britisch-Ostafrika geltenden Bergrechte, wo durch die schon angeführte Bergverordnung von 1902 im Gegensatze zu dem in England selbst geltenden Systeme gleichfalls dem Grundeigentümer die Verfügung über die in seinem Boden lagernden Mineralien entzogen worden ist.

Um den Begriff Bergwerkseigentum weiter gegenüber dem Grundeigentume abzugrenzen: es besteht nicht in einer dinglichen Beschränkung des Grundeigentums, sondern steht als selbständiges Recht neben dem Grundeigentume; es gehört nicht zu den Rechten an einer fremden Sache, sondern ist ein Recht mit selbständigem Inhalte. Es ist auch von den Gewerbeberechtigungen verschieden, die niemals ein Aneignungsrecht an irgend einer Sache gewähren. In dieser Beziehung ist es eher dem Jagd- und Fischereirechte verwandt, die ebenfalls ein ausschließliches Aneignungsrecht durch Inbesitznahme gewähren.

Mit dem ausschließlichen Mineralgewinnungsrechte ist der Inhalt des Bergwerkseigentums aber nicht erschöpft. Es enthält außerdem die Berechtigung, eine Reihe von Einrichtungen und Anstalten auf fremdem Grunde zu errichten und zu betreiben, die der bergmännischen Förderung und Verarbeitung dienen. Das Bergwerkseigentum gibt nämlich das Recht, 1. die zur Mineralgewinnung erforderlichen Vorrichtungen unter und über Tage zu treffen (§ 51); 2. die zur Aufbereitung, Verhüttung und Beförderung der Bergwerkserzeugnisse erforderlichen Vorrichtungen zu treffen und zu betreiben (§ 52); 3. im freien Felde oder im Schürf- oder Bergbaufeld eines anderen Hilfsbaue zu errichten (§ 53); 4. das Wasser seines Bergbaufeldes zu Betriebszwecken zu benutzen (§ 54). Die Besonderheit des Systems der Bergbaufreiheit und die wirtschaftliche Notwendigkeit führten zu der Erwägung, daß das Recht, die zur bergmännischen Förderung notwendigen Anstalten zu errichten, ein Ausfluß des Bergwerkseigentums sein und mit ihm verbunden werden müsse; daß die Trennung von Grund- und Bergwerkseigentum illusorisch wäre, wenn das Bergwerkseigentum nicht in sich selbst das Recht enthielte, die zur Förderung und Aufbereitung nötigen Anstalten zu treffen. So ging die Rechtsentwicklung dahin, die Berechtigung zur Errichtung dieser Anstalten zum Inhalte des Bergwerkseigentums selbst zu machen und damit den bergrechtlichen Vorschriften selbst zu unterwerfen; einmal, um die Errichtung derartiger Anstalten nicht von einer besonderen gewerbepolizeilichen oder sonstigen Genehmigung abhängig zu machen (s. darüber unten Seite 83); sodann aber, um dem Bergwerkseigentümer einen besonderen aus dem Bergwerkseigentume fließenden gesetzlichen Titel für die Errichtung dieser Anstalten zu geben, damit sie als Zubehör des Bergwerkseigentums auch das Enteignungsrecht gegenüber dem Grundbesitzer erhalten (vgl. Motive zum preuß. allg. Berggesetz von 1865 Z. f. Br. Bd. 6/132). Nach dem Rechte des BGB., das nur bewegliche Sachen als Zubehör kennt (§ 97 BGB.), gelten diese Nebenrechte jetzt als Bestandteil des Bergwerkseigentums (§ 96 BGB.), da das Bergwerkseigentum des kolonialen Bergrechtes nach § 1 Ziff. 2 der Ausführungsverordnung selbst den unbeweglichen Sachen gleichgestellt ist (vgl. nächsten Absatz). Die Anlagen, die auf Grund dieser Nebenrechte errichtet werden, werden Bestandteile des Bergwerkes. Die Nebenrechte selbst und die Nebenanlagen können nicht Gegenstand besonderer Rechte sein, sondern teilen das Rechtsschicksal des Bergwerkseigentums beim Verkaufe, bei der Belastung, Versteigerung und der Aufhebung.

Im Rechtsverkehr ist das Bergwerkseigentum den unbeweglichen Sachen gleichgestellt. Nach § 1 Ziff. 2 der AusfVdg. gelten für das Bergwerkseigentum entsprechend die Vorschriften des § 50 Abs. 2 und 3 preuß. allg. Bergges. in der Fassung vom 20. September 1899. Nach § 50 der ursprünglichen Fassung vom Jahre 1865 gehörte das durch Verleihung begründete Bergwerkseigentum zu den unbeweglichen Sachen; es war also selbst eine unbewegliche Sache. Das preuß. Bergges. in der Fassung vom 20. September 1899 hat die Frage nach der rechtlichen Eigenschaft des Bergwerkseigentums offen gelassen und nur bestimmt, daß es in rechtlicher Beziehung den Grundstücken gleichsteht. Aus dieser veränderten Fassung ist aber nicht zu schließen, daß das Bergwerkseigentum jetzt nicht mehr zu den unbeweglichen Sachen gehört. Wie das Erbbaurecht, für das nur die Vorschriften über Grundstücke gelten, selbst Grundstücksnatur hat, ebenso auch das Bergwerkseigentum. Dies ist auch in den Motiven zum preuß. AGzBGB. Seite 58 ausgesprochen: „Das Erbbaurecht gehört, wie das Bergwerkseigentum, zu den unbeweglichen Sachen".

b) Subjekte des Bergwerkseigentums.

Wer ist berechtigt, in den Schutzgebieten Bergwerkseigentum zu erwerben? Dieses Recht ist entsprechend dem Grundsatze der Bergbaufreiheit nach der subjektiven Seite hin grundsätzlich unbeschränkt, sowohl für den ursprünglichen, wie für den abgeleiteten Erwerb.

1. Wer ist zum ursprünglichen Erwerbe von Bergwerkseigentum berechtigt? Den ursprünglichen Erwerb von Bergwerkseigentum zu regeln, ist der wesentliche Inhalt der Bergverordnung selbst. Nach § 10 mit §§ 37, 49 ist jeder zum ursprünglichen Erwerb von Bergwerkseigentum berechtigt, ohne Unterschied ob physische oder juristische Person, ob Reichsangehöriger, Ausländer oder Schutzgebietsangehöriger, ob Weißer oder Farbiger. Diese grundsätzliche Zulassung aller Personen zum Erwerbe von Bergwerkseigentum schließt aber eine verschiedenartige Behandlung der einzelnen Personen in den Voraussetzungen nicht aus; das hervorragende Interesse des deutschen Reiches an der Entwicklung seiner Schutzgebiete macht eine Unterscheidung in einigen Fällen sogar notwendig.

α) Physische Personen.

Daß jeder Reichsangehörige hier unbeschränkt berechtigt sein muß, ergibt sich aus der Zugehörigkeit der Schutzgebiete, wenn auch nicht zum deutschen Reichsgebiete im staatsrechtlichen Sinne, so doch zum deutschen Reiche. Für den weißen Ausländer machen weder die Bergverordnung noch die sonst geltenden Gesetze eine Ausnahme. Art. 88 EGzBGB., der von dem Erwerb von Grundstücken durch Ausländer handelt, kann nur den abgeleiteten Erwerb im Auge haben, kommt hier also schon aus diesem Grund für eine entsprechende Anwendung nicht in Betracht, und ein nach Art. 67 EGzBGB. geltendes landesgesetzliches Bergrecht, als das nach § 19 KonsGG. hier nur das preußische in Frage käme, gilt nach § 3 der kaiserlichen Verordnung vom 9. November 1900 nicht für das Bergwerkseigentum der Schutzgebiete. Der weiße Ausländer ist daher beim ursprünglichen Erwerb von Bergwerkseigentum dem Reichsangehörigen vollständig gleichgestellt, soweit nicht etwa Reichsangehörige durch die Gesetze eines ausländischen Staates den Angehörigen dieses Staates gegenüber benachteiligt sind. In diesem Falle könnte gegen Ausländer das Vergeltungsrecht aus Art. 31 EGzBGB. angewendet werden und die Ausländer könnten denselben Beschränkungen unterworfen werden, welchen Reichsangehörige in den Schutzgebieten des betreffenden ausländischen Staates unterworfen sind. Es hat bisher kein Anlaß vorgelegen, von diesem Rechte Gebrauch zu machen; im Gegenteil ist durch völkerrechtliche Verträge die Gleichberechtigung von In- und Ausländern in den Schutzgebieten anerkannt worden, so in dem Abkommen zwischen Deutschland und England vom 1. Juli 1890 (D. KBl. S. 120 f.), wo in Art. 9 die Berechtigung der beiderseitigen Staatsangehörigen zum Erwerb von Bergwerkseigentum für die deutschen und englischen Schutzgebiete in Ost-, Südwest- und Westafrika ausdrücklich vereinbart worden ist (s. auch oben S. 26).

Wie weit sind Eingeborene und andere Farbige zum Erwerb von Bergwerkseigentum zugelassen? Die Bergverordnung für Südwestafrika vom Jahre 1889 und die für Ostafrika von 1898 machten zwischen Weißen und Farbigen keinen Unterschied. Auch Eingeborene und Farbige waren daher im Rahmen der gesetzlichen Vorschriften berechtigt, zu schürfen und Bergwerkseigentum zu erwerben. Dies geht auch aus dem Erlasse des Gouverneurs von Ostafrika vom 23. Oktober 1901 hervor. Im Gegensatze dazu waren in Britisch-Ostafrika die Eingeborenen und anderen Farbigen von der Bergberechtigung vollständig ausgeschlossen. Eine prospecting license konnte nach the East Africa Mining Regulations vom Jahre 1902 (Z. f. Br. Bd. 44 S. 287, 430) und nach Art. 2 und 4 der Mining Ordonance vom Jahre 1907 (Z. f. Br. Bd. 48 S. 452) nur an Europäer, d. h. Personen europäischer Geburt und Abkunft, erteilt werden. Das französische koloniale Bergrecht hat die Eingeborenen zum Schurfe und zum Erwerbe von Bergwerkseigentum zugelassen, wenn sie von der Zentralverwaltungsbehörde dazu besonders ermächtigt waren. Auf diesem Standpunkte steht auch das geltende deutsche koloniale Bergrecht. Nach § 2 Abs. 2 dürfen Eingeborene der Schutzgebiete und andere Farbige Mineralien nur dann aufsuchen und gewinnen, wenn sie vom Reichskanzler oder Gouverneur dazu ermächtigt worden sind. Was unter „Eingeborenen" zu verstehen ist, bestimmt weder die Bergverordnung, noch die sonstige Kolonialgesetzgebung. Aus § 4 SchGG. mit § 2 der AusfVdg. dazu vom 9. November 1900 (RGBl. 1005) geht aber hervor, daß darunter die Angehörigen der im Schutzgebiete heimischen, farbigen Stämme zu verstehen sind, zu denen auch die Mischlinge gehören. Den Eingeborenen werden nach § 2 AusfVdg. zum SchGG. vom 9. November 1900 die Angehörigen fremder,

d. h. nicht einheimischer, farbiger Stämme gleichgestellt, soweit nicht der Gouverneur mit Genehmigung des Reichskanzlers Ausnahmen macht. Eine solche Ausnahme ist in Ostafrika durch die Verordnung vom 3. Oktober 1904 (DKBl. 749) für die Goanesen und Parsen gemacht. Sie gehören also nicht zu den Eingeborenen. Für die Japaner ist in § 2 der Verordnung vom 9. November 1900 allgemein bestimmt, daß sie nicht als Angehörige farbiger Stämme, also nicht als Eingeborene gelten. Da sonach die anderen Farbigen den Eingeborenen allgemein schon gleichgestellt sind, wäre die besondere Erwähnung der anderen Farbigen in § 2 der Bergverordnung nicht notwendig gewesen.

Nach § 9 SchGG. können Eingeborene naturalisiert werden und dadurch die rechtliche Stellung von Reichsangehörigen erlangen. Ob dieser rechtlichen Gleichstellung gegenüber die Beschränkung des § 2 Abs. 2 bestehen bleiben soll, hängt davon ab, ob die Worte „Eingeborene" und „andere Farbige" in § 2 Abs. 2 als Bezeichnungen der Rasseangehörigkeit oder als staatsrechtliche Begriffe aufzufassen sind. Läge die Absicht des § 2 Abs. 2 darin, die Eingeborenen und anderen Farbigen allein wegen ihrer Rasseneigenschaft nur beschränkt zum Erwerbe des Bergwerkseigentums zuzulassen, so würde durch die Naturalisation an diesem Beschränkungsgrunde nichts geändert. Sie blieben nach wie vor Angehörige der eingeborenen Rasse. Eine solche starke Betonung der Rasseneigenschaft kennt zwar das britisch-afrikanische Bergrecht unter dem Einflusse der scharfen Rassengegensätze in Britisch-Südafrika; dem deutschen Kolonialrechte ist sie aber fremd. „Eingeborene" und „andere Farbige" sind daher hier als staatsrechtliche Begriffe aufzufassen. Durch die Naturalisation verlieren die Naturalisierten ihre bisherige staatsrechtliche Eigenschaft als Eingeborene und Farbige und brauchen zum Erwerb von Bergwerkseigentum auch nicht mehr die besondere Ermächtigung des Reichskanzlers. Von der Befugnis, Eingeborene zu naturalisieren, ist übrigens bisher schon mit großer Vorsicht Gebrauch gemacht worden und seitdem mit der Verordnung vom 24. Oktober 1903 (DKBl. 573) betreffend die Verleihung der deutschostafrikanischen Landesangehörigkeit, der Anfang gemacht worden ist, die Farbigen in ein besonderes staatsrechtliches Verhältnis zu den Schutzgebieten zu bringen, wird das Bedürfnis nach einer Naturalisierung Farbiger noch geringer werden. Die oben angeschnittene Frage wird also in der Praxis wenig Bedeutung haben.

β) Juristische Personen.

Daß juristische Personen des bürgerlichen und öffentlichen Rechtes ebenso wie physische zur Aufsuchung und Gewinnung von Mineralien berechtigt sind, bedurfte keiner besonderen Hervorhebung in der Bergverordnung. Aus der Vorschrift des § 3, daß juristische Personen, die keine Niederlassung im Schutzgebiete haben, einen Vertreter aufstellen müssen, geht es übrigens auch aus dem Gesetze hervor. Die juristischen Personen des Kolonialrechtes sind nach § 3 SchGG. mit § 19 KonsGG. .die gleichen wie die des deutschen Rechtsgebietes. Ihre Zahl ist für das Kolonialrecht nur noch um eine Rechtsform vermehrt, durch die Kolonialgesellschaft, deren rechtliche Grundlagen in §§ 11—13 SchGG. enthalten sind. Als einer der Zwecke der Kolonialgesellschaften ist dort auch der Bergbau in den Schutzgebieten angegeben. Neben dieser für die wirtschaftlichen Verhältnisse der Schutzgebiete besonders eingerichteten Gesellschaftsform sind aber auch alle anderen Formen juristischer Persönlichkeit zum Geschäftsbetrieb in den Schutzgebieten zugelassen (vgl. Aufsatz von K. von Stengel in Beiträge zur Kolonialpolitik und -wirtschaft 1899/1900 S. 417). In der Ausführungsbestimmung des Gouverneurs von Ostafrika vom 7. Februar 1903 (DKG. Bd. 7 S. 35) zu der jetzt aufgehobenen Bergverordnung von 1898 sind als solche juristische Personen angeführt: die Aktiengesellschaften, die Kommandit-Gesellschaften auf Aktien, Gesellschaften m. b. H. und die offenen Handelsgesellschaften. Daneben kommen in den Schutzgebieten als bergrechtliche Rechtssubjekte noch vor die Korporationen des allgemeinen preußischen Landrechtes; auch die Gewerkschaftsform mit Kuxen und Zubußen wurde in einigen Fällen gewählt. Die juristischen Personen des inländischen Rechtes sind also schürf- und bergwerksberechtigt wie inländische physische und ohne Unterschied, ob sie juristische Personen des bürgerlichen oder des öffentlichen Rechtes sind. Reichs- und Landesfiskus als Subjekte von Bergwerksrechten unterliegen nach § 2 Abs. 1 beim Aufsuchen und Gewinnen von Mineralien den Vorschriften der Bergverordnung.

Nicht so zweifelsfrei wie die Berechtigung der ausländischen physischen Personen zum Erwerb von Bergwerkseigentum in den deutschen Schutzgebieten ist die der ausländischen juristischen Personen. Vor der Ausführungsverordnung vom 2. Februar 1909 (DKBl. 152) zur Bergverordnung haben allerdings keine gesetzlichen Ausschließungen oder Beschränkungen für ausländische juristische Personen beim Eigentumserwerb in den Schutzgebieten bestanden. Der Kolonialrat hat zwar versucht, durch seine Beschlußfassung (vgl. die in DKBl. 1891 S. 331 veröffentlichten Beschlüsse) darauf hinzuwirken, daß juristische Personen des Auslandes, die Erwerbsgesellschaften, insbesondere Aktiengesellschaften und Kommanditgesellschaften auf Aktien sind, in den deutschen Schutzgebieten nur mit Genehmigung der kaiserlichen Regierung zum Geschäftsbetriebe zugelassen werden. Die Genehmigung solle nur beim Nachweise genügender Betriebsmittel erteilt und davon abhängig gemacht werden, daß im Schutzgebiete eine Zweigniederlassung gegründet werde. Der durch den kaiserlichen Erlaß vom 10. Oktober 1900 (RGBl. 179) ins Leben gerufene und inzwischen durch Allerhöchste Verordnung vom 17. Februar 1908 (RGBl. 28) wieder aufgehobene Kolonialrat hat aber nur eine beratende Tätigkeit gehabt; seine Beschlüsse waren für die Kolonialverwaltung nicht maßgebend. Mangels anderer gesetzlicher Bestimmungen darüber bestand also damals keine gesetzliche Handhabe, ausländische, juristische Personen einer besonderen Genehmigungspflicht zu unterwerfen. Im Landgebiete der deutschen Kolonialgesellschaft für Südwestafrika konnten ausländische Gesellschaften Abbaurechte zwar nur mit Genehmigung der Gesellschaft erwerben; diese Beschränkung beruhte aber nicht auf einer gesetzlichen Vorschrift, sondern auf den besonderen Schürfbestimmungen der Gesellschaft (vgl. Denkschrift vom 6. Januar 1910 Reichstagsdrucksachen Nr. 181 S. 14, 18). Soweit über ausländische juristische Personen eine Aufsicht ausgeübt worden ist, ist dies nicht auf Grund einer gesetzlichen Vorschrift, sondern im Wege der Vereinbarung geschehen. So ist z. B., wie der Direktor der Kolonialabteilung des Auswärtigen Amtes in der Reichstagsverhandlung vom 25. April 1900 mitgeteilt hat, „dem Reiche von der South West Africa Company das Recht eingeräumt worden, einen Kommissar bei der Gesellschaft zu bestellen". Daraus geht hervor, daß nach der damaligen Rechtslage ein staatliches Aufsichts- oder Genehmigungsrecht nicht bestanden hat. Ob an dieser Rechtslage durch die spätere Gesetzgebung, die hier in Betracht kommen kann, nämlich durch die Ausführungsverordnung vom 2. Februar 1909 (DKBl. 152) zur Bergverordnung und das preußische Gesetz über den Bergwerksbetrieb ausländischer juristischer Personen und den Geschäftsbetrieb außerpreußischer Gewerkschaften vom 23. Juni 1909 (preuß. GesSlg. 619) etwas geändert worden ist, mag zweifelhaft sein. Nach der genannten Ausführungsverordnung sind auf den Erwerb von Bergwerkseigentum in den Schutzgebieten die nach § 1 der Grundstücksverordnung vom 21. November 1902 (RGBl. 283) für Grundstücke geltenden Vorschriften entsprechend anzuwenden, nach denen juristische Personen beim Erwerbe von Grundstücken Beschränkungen unterworfen sind. Für den Erwerb von Grundstücken in den Schutzgebieten gelten gemäß § 1 Grundstücksverordnung mit §§ 19, 20 KonsGG. die Beschränkungen des Art. 7 preuß. AGzBGB. Ob mit der Ausführungsverordnung vom 2. Februar 1909 die Absicht verfolgt worden ist, auch den u r s p r ü n g l i c h e n Erwerb von Bergwerkseigentum diesen Beschränkungen zu unterwerfen, ist mir nicht bekannt. Aber auch wenn diese Absicht bestanden haben sollte, scheinen doch der Wortlaut der Ausführungsverordnung und die Verschiedenheit der Begriffe Bergwerkseigentum und Grundstückseigentum eine entsprechende Anwendung der für den Grundstückserwerb geltenden Vorschriften auf den u r s p r ü n g l i c h e n Erwerb von Bergwerkseigentum auszuschließen. Der Erwerb von Grundstückseigentum ist nur als abgeleiteter denkbar; der Gegenstand des Grundstückseigentums, das Grundstück selbst, ist vor dem Erwerbe schon vorhanden. Anders beim Bergwerkseigentume. Vor dem ursprünglichen Erwerbe von Bergwerkseigentum ist auch der Gegenstand dieses Rechtes noch nicht vorhanden; Gegenstand des Rechtes und das Recht selbst entstehen erst mit dem ursprünglichen Erwerbe. Das Grundstücksrecht hat also gar keine, diesem ursprünglichen Erwerbe entsprechende Rechtsform; daher ist auch eine entsprechende Anwendung der für Grundstücke geltenden Vorschriften auf diesen ursprünglichen Erwerb nicht möglich. Dafür spricht auch, daß die Genehmigungspflicht des Art. 7 preuß. AGzBGB. zum Teil nur für den Erwerb von Grundstücken im Werte von über 5000 Mk. besteht. Bei dem ursprünglichen Erwerb von Bergwerkseigentum ist eine Wertschätzung des erst entstehenden Bergwerkseigentums noch nicht möglich. Für den ursprünglichen Erwerb von Bergwerkseigentum durch juristische Personen können daher die Beschränkungen des Art. 7 preuß. AG. zBGB. nicht gelten. Dagegen kann darüber kein Zweifel sein, daß das preuß. Gesetz vom 23. Juni 1909 für den ursprünglichen und abgeleiteten Erwerb von Bergwerkseigentum durch juristische Personen gilt. In Ziff. III der Begründung zu diesem Gesetze (Z. f. Bergr. Bd. 50 S. 430) ist dies ausdrücklich festgestellt. Die Frage ist hier aber, ob die Geltung dieses Gesetzes für das koloniale Bergrecht durch § 3 der AusfVdg. zum SchGG. vom 9. November 1900 mit ausgeschlossen worden ist, mit anderen Worten, ob das preußische Gesetz vom 23. Juni 1909 ein Landesgesetz auf Grund des Art. 67 EGzBGB., also ein Gesetz über das Bergrecht, oder auf Grund der Art. 86, 88 EGzBGB., also ein Gesetz über juristische Personen ist, das durch den § 3 der ebengenannten Verordnung nicht betroffen würde, sondern gemäß § 3 SchGG. § 30 KonsGG. auch in den Schutzgebieten in Kraft ist. Die Begründung zu dem preußischen Gesetze vom 23. Juni 1909 (Z. f. Bergr. Bd. 50 S. 433) führt dazu in Ziffer V folgendes aus: „Die reichsgesetzliche Ermächtigung zu diesem Vorgehen der Landesgesetzgebung liegt in Art. 67 Abs. 1 (vgl. auch Art. 86 und 88) in Verbindung mit Art. 3 EGzBGB." Die Begründung gibt also keine entscheidende Antwort auf die gestellte Frage, da sie auf die beiden Stellen des EGzBGB. hinweist; die Antwort wird daher der Erwägung zu entnehmen sein, daß das preuß. Gesetz vom 23. Juni 1909 in erster Linie im Interesse des inländischen Bergwerkseigentums, nicht der ausländischen juristischen Personen erlassen wurde, also vorwiegend bergrechtlichen Inhalt haben sollte. Es wäre auch unlogisch, ein Gesetz deshalb nicht unter den Rechtsstoff des Art. 67 EGzBGB. fallend zu betrachten, weil es zugleich den Rechtsstoff der Art. 86 und 88 EGzBGB. behandelt. Das preußische Gesetz vom 23. Juni 1909 ist daher als eine Vorschrift über das Bergwerkseigentum zu betrachten, die nach § 3 der AusfVdg. zum SchGG. vom 9. November 1900 nicht für die Schutzgebiete gilt. Ausländische juristische Personen unterliegen daher beim ursprünglichen

Erwerbe von Bergwerkseigentum in den Schutzgebieten keinerlei Beschränkungen, soweit nicht etwa das Vergeltungsrecht aus Art. 31 EGzBGB. in Betracht kommt (vgl. oben Seite 20). Die Rechtsstellung ausländischer juristischer Personen in den deutschen Schutzgebieten ist übrigens mehrfach Gegenstand völkerrechtlicher Regelung durch die Reichsregierung gewesen. So ist in Art. I—III des Vertrages mit den Niederlanden vom 11. Februar 1907 (RGBl. 1908, 65) ausdrücklich die Gleichberechtigung der niederländischen juristischen Personen mit den deutschen für die deutschen Schutzgebiete anerkannt worden (vgl. auch Vertrag mit England oben S. 20).

2. Wer ist zum abgeleiteten Erwerb von Bergwerkseigentum berechtigt?

Das durch Umwandlung eines Schürffeldes in ein Bergbaufeld nach §§ 36 ff. begründete Bergwerkseigentum ist nicht an die Person des Berechtigten gebunden; es ist vielmehr Gegenstand des Rechtsverkehrs wie alle anderen Rechte und Sachen. Als solcher Gegenstand des Rechtsverkehrs unterliegt das Bergwerkseigentum keinen besonderen bergrechtlichen Vorschriften, sondern den allgemeinen bürgerlichrechtlichen Bestimmungen. Nach § 1 Ziff. 2 der Ausführungsverordnung vom 3. Dezember 1905 zur Bergverordnung und § 50 Abs. 2 und 3 des preuß. allg. Berggesetzes vom Jahre 1865 gelten für den Erwerb des Bergwerkseigentums die für den Erwerb von Grundstücken in den Schutzgebieten geltenden Vorschriften (s. oben S. 53), soweit sich aus der Bergverordnung nicht ein anderes ergibt.

α) Physische Personen.

Das koloniale Grundstücksrecht läßt zum Erwerbe von Grundstückseigentum in den Schutzgebieten alle physischen Personen ohne Ausnahme zu. Weder die Grundstücksverordnung vom 21. November 1902 enthält in dieser Beziehung eine Beschränkung, noch hat das preuß. AGzBGB., das nach § 1 der Grundstücksverordnung mit § 19 KonsGG. für das koloniale Grundstücksrecht gilt, von der Ermächtigung des Art. 88 EGzBGB. Gebrauch gemacht, Ausländer im Erwerbe von inländischen Grundstücken zu beschränken. Das Grundstücksrecht gilt für den Erwerb von Bergwerkseigentum aber nur soweit, als die Bergverordnung selbst nicht ein anderes vorschreibt und bezüglich der Eingeborenen und Farbigen bestimmt § 2 Abs. 2, daß sie das Recht zur Aufsuchung und Gewinnung von Mineralien nur mit besonderer Ermächtigung des Reichskanzlers oder Gouverneurs erwerben können. Mit dem Rechte, Mineralien aufzusuchen und zu gewinnen, ist nicht nur das im Wege des Schürfens und der Umwandelung des Schürffeldes in ein Bergbaufeld erlangte Aufsuchungs- und Gewinnungsrecht gemeint; sondern dieses Recht bildet, wie (unten S. 15 ff.) ausgeführt, den wesentlichen Inhalt des Bergwerkseigentums selbst und die Beschränkung des § 2 Abs. 2 gilt daher auch für den abgeleiteten Erwerb von Bergwerkseigentum. Eingeborene und andere Farbige können daher Bergwerkseigentum auch durch Rechtsgeschäft, durch Erbanfall, durch Einsteigerung im Zwangsversteigerungsverfahren nur mit besonderer Ermächtigung erwerben. Nur für den abgeleiteten Erwerb hat auch die Bestimmung des § 2 Abs. 2, daß Verträge, die ohne diese notwendige Ermächtigung abgeschlossen worden sind, rechtsunwirksam sein sollen, eine Bedeutung; denn der ursprüngliche Erwerb des Bergwerkseigentums erfolgt nicht durch Vertragsabschluß (vgl. dazu auch oben S. 20 ff.).

β) Juristische Personen.

Juristische Personen sind beim Erwerbe von Bergwerkseigentum in den deutschen Schutzgebieten nach der Ausführungsverordnung vom 2. Februar 1909 (DKBl. 152) zur Bergverordnung ebenso beschränkt wie beim Erwerbe von Grundstückseigentum. Die Ausführungsverordnung verweist auf § 1 Grundstücksverordnung; dieser § 1 verweist wieder auf § 19 KonsGG. und dieser § 19 nimmt selbst wieder Bezug auf die Reichs- und die geltenden preußischen Landesgesetze, wobei immer das bezogene Gesetz nur soweit gelten soll, als das verweisende nichts anderes bestimmt. Nach Art. 86 und 88 EGzBGB. und Art. 7 preuß. AGzBGB. bedürfen zum Erwerbe von Grundstücken in Preußen im Werte von mehr als 5000 Mk. der Genehmigung der staatlichen Aufsichtsbehörde juristische Personen, die in Preußen ihren Sitz haben, mit Ausnahme von den juristischen Personen, deren Rechtsfähigkeit auf einem neben dem BGB. bestehenden Reichsgesetze beruht und mit Ausnahme von juristischen Personen des öffentlichen Rechtes. Juristische Personen, die in einem anderen Bundesstaate ihren Sitz haben, bedürfen zum Erwerbe von Grundstücken im Werte von mehr als 5000 Mk. der Genehmigung des Königs, während ausländische juristische Personen dieser Genehmigung ohne Rücksicht auf den Wert des Grundstückes in allen Fällen bedürfen. Bei der entsprechenden Anwendung dieser Vorschriften auf die Schutzgebiete und das Bergwerkseigentum kann die Unterscheidung nicht darin liegen, ob eine juristische Person ihren Sitz in Preußen hat oder in einem anderen Bundesstaate; denn für die Rechtsverhältnisse in den Schutzgebieten müssen alle deutschen juristischen Personen gleichstehen. Eine Frage aber ist es, wo die juristischen Personen bei der entsprechenden Anwendung ihren Sitz haben sollen. Nur in dem betreffenden einzelnen Schutzgebiete, in dem das Bergwerkseigentum liegt; oder überhaupt in irgend einem deutschen Schutzgebiete oder auch im deutschen Reiche? Oder sollen die im deutschen Reiche oder einem anderen deutschen Schutzgebiete sitzenden juristischen Personen beim Grundstückserwerbe zu dem betreffenden einzelnen Schutzgebiete in dem Verhältnis stehen, wie die juristischen Personen der deutschen Bundesstaaten zu Preußen? Wenn hier Zweifel möglich sind, so kommt dies von dem schon erwähnten in der Schutzgebietsgesetzgebung besonders geübten Verweisungssysteme her, das den Überblick über die ganze Schutzgebietsgesetzgebung so sehr erschwert. Wie der Art. 7 preuß. AGzBGB. entsprechend anzuwenden ist, wird sich am ehesten aus dem Zwecke der entsprechenden Anwendung ergeben. Der Zweck ist nicht, den Erwerb von Bergwerkseigentum durch deutsche, juristische Personen zu erschweren, sondern ausländische, juristische Personen beim Erwerb von Bergwerkseigentum in den deutschen Schutzgebieten zu überwachen. Es steht dies im Einklange mit der Gesetzgebungspolitik, die vom Kolonialamte um die Zeit des Erlasses der Ausführungsverordnung vom 2. Februar 1909 geübt worden ist, als die Gefahr bestand, daß das ausländische Kapital sich mehr als erwünscht an der Aneignung der gerade damals in den deutschen Schutzgebieten entdeckten Mineralschätze beteiligen werde. Daraus ergibt sich der Schluß, daß juristische Personen, die im deutschen Reiche oder einem deutschen Schutzgebiete ihren Sitz haben und ihre Rechtspersönlichkeit auf ein neben dem BGB. bestehendes Reichsgesetz gründen, also die juristischen

Personen des HGB. die Gesellschaften mit beschränkter Haftung, die Genossenschaften u. a., ferner die juristischen Personen des öffentlichen Rechtes auch für den Erwerb von Bergwerkseigentum von mehr als 5000 Mk. Wert in irgend einem deutschen Schutzgebiete keine Genehmigung brauchen, während juristische Personen des deutschen Reiches oder eines Schutzgebietes, deren Rechtspersönlichkeit auf dem BGB. oder einem Landesgesetze beruht, wie die rechtsfähigen Vereine der §§ 21, 22 BGB., Gewerkschaften, religiöse Gesellschaften u. a. zum Erwerbe von Bergwerkseigentum im Werte von mehr als 5000 Mk. die Genehmigung der Aufsichtsbehörde brauchen. Auf die Frage, ob die Kolonialgesellschaften juristische Personen des öffentlichen oder des privaten Rechtes sind, braucht hier nicht eingegangen zu werden; denn wenn sie auch die Rechtsfähigkeit im einzelnen Falle besonders verliehen bekommen, so beruht ihre Rechtspersönlichkeit doch auf dem Schutzgebietsgesetze, also einem neben dem BGB. bestehenden Reichsgesetze. Ausländische juristische Personen bedürfen ohne Rücksicht auf den Wert in allen Fällen der Genehmigung des Kaisers zum Erwerbe von Bergwerkseigentum in den deutschen Schutzgebieten. Es ergibt sich also die Rechtslage, daß ausländische und einzelne inländische juristische Personen wohl zum abgeleiteten Erwerbe von Bergwerkseigentum, nicht aber zum ursprünglichen eine Genehmigung brauchen. So auffallend dieses Ergebnis auch sein mag, so lassen doch die oben S. 24, 25 angegebenen Gründe eine entsprechende Anwendung des Art. 7 preuß. AGzBGB. auf den ursprünglichen Erwerb von Bergwerkseigentum nicht zu.

Nach § 95 ist den Beamten und Militärpersonen, die im Schutzgebiete dienstlich tätig sind, das Schürfen und der Bergbau im Schutzgebiete ohne Genehmigung des Reichskanzlers untersagt. Mineralien, die entgegen diesem Verbote gewonnen worden sind, gehen mit der Gewinnung in das Eigentum des Landesfiskus über.

Die Inhaber von Schürf- und Bergbaurechten, die nicht im Schutzgebiete wohnen oder sich dauernd aufhalten oder — bei juristischen Personen — dort eine Niederlassung haben, müssen für den Verkehr mit den Behörden einen Vertreter bestellen; widrigenfalls auf ihre Kosten vom Gouverneur ein solcher Vertreter bestellt werden kann (§ 3).

c) Gegenstand des Bergwerkseigentums.

Der hauptsächlichste Gegenstand des Bergwerkseigentums ist das Recht, Mineralien zu gewinnen. § 1 zählt die Mineralien auf, die der Verfügung des Grundeigentümers entzogen, d. h. bergbaufrei und zum Gegenstand des bergmännischen Gewinnungsrechtes gemacht sind. Die Bergverordnung weicht dabei in der Anordnung und in der Zahl der Mineralien von dem geltenden preußischen Bergrechte ab. Sie hat die dem deutschen Bergrechte unbekannte Scheidung in Edelmineralien und gemeine Mineralien dem britisch-afrikanischen Bergrechte entnommen, das die Bergbaufelder in mining bases (Edelmineralfelder) und in mineral bases (gemeine Mineralfelder) scheidet. Zu den Edelmineralien gehören nach § 1:

1. Edelmetalle (Gold, Silber, Platin) gediegen und als Erze,
2. Edelsteine,

Zu den gemeinen Mineralien:

1. alle vorstehend nicht genannten Metalle (gediegen und als Erze),
2. Glimmer und Halbedelsteine,
3. Kohlen, Salze und nutzbare Erden, und zwar:
   a) Steinkohlen, Braunkohlen und Graphit,
   b) Bitumen in festem, flüssigen und gasförmigen Zustande, insbesondere Erdöl und Asphalt,
   c) Steinsalz nebst den auf derselben Lagerstätte brechenden Salzen und die Solquellen,
   d) Erden, die wegen ihres Gehaltes an Schwefel oder zur Darstellung von Alaun, Vitriol und Salpeter verwendbar sind; in den Südseeinseln auch organische und anorganische Phosphate, welche zur Herstellung von Düngemitteln verwendet werden können.

Die Entnahme von Kochsalz aus den sogenannten Salzpfannen, also die Gewinnung von Salz durch Verdunstung von Meerwasser, ist in Südwestafrika der Bergverordnung nicht unterworfen; diese Salzgewinnung steht also jedermann frei.

In Ostafrika, Kamerun, Togo und den Schutzgebieten der Südsee gilt die Bergverordnung nicht für den von Eingeborenen betriebenen Tagebau auf Eisen, Kupfer, Graphit und Salz. Dieser Tagebau unterliegt also nicht den bergrechtlichen, sondern den bürgerlichrechtlichen Vorschriften. Der Reichskanzler oder die Gouverneure können aber auch diesen Tagebau den Vorschriften der Bergverordnung unterwerfen. Diese den Eingeborenen vorbehaltenen Gerechtsame können in Togo nach der Verordnung vom 17. November 1906 (DKBl. 1907 S. 1) ohne Genehmigung des Gouverneurs nicht Gegenstand von Rechtsgeschäften mit Fremden oder zu deren Gunsten sein, ebenso kann auch eine Zwangsvollstreckung in diese Gerechtsame nur mit Genehmigung des Gouverneurs stattfinden.

Die wirtschaftlich wichtigste Erweiterung der Bergbaufreiheit in objektiver Hinsicht gegenüber den deutschen Bergrechten ist die Bergbaufreiheit der Edelsteine und Halbedelsteine. In den deutschen Bergrechten bestand kein Anlaß, sie für bergbaufrei zu erklären, da sie in ihrem Bereiche fast nicht vorkommen; dagegen stehen sie in den Schutzgebieten im Vordergrunde des bergbaulichen Interesses. Eine Erweiterung gegenüber den deutschen Rechten liegt auch in der Bergbaufreiheit auf Platin, Glimmer und Bitumen. Alle in § 1 nicht genannten Mineralien stehen unter dem Verfügungsrechte des Grundeigentümers, z. B. Marmor, Granit; der Grundeigentümer muß sich ihr Eigentum nicht erst durch eine besondere Aneignungshandlung verschaffen; sie stehen vielmehr kraft seines Grundstückseigentums, das sich nach § 905 BGB. auf den Erdkörper unter der Oberfläche erstreckt, in seinem Eigentume. Mit dem Besitze über das Grundstück übt er auch den Besitz an diesen Mineralien aus. Nach § 96 Abs. 1 können auch noch andere Mineralien als die in § 1 genannten durch Verordnung des Reichskanzlers für bergbaufrei erklärt werden. Dies ist für Südwestafrika geschehen für Asbest durch die Verordnung vom 29. Dezember 1909 (DKBl. 1910 S. 77; siehe auch unten S. 97).

Der Hauptunterschied zwischen Edelmineralfeld und gemeinem Mineralfelde ist der, daß das Bergwerkseigentum in einem Edelmineralfelde das Recht gibt, alle bergbaufreien Mineralien zu gewinnen, während in einem gemeinen Bergbaufelde nur die gemeinen Mineralien gewonnen werden dürfen. Das Bergwerkseigentum des kolonialen Bergrechtes geht also auch in dieser Beziehung über das Bergwerkseigentum des preuß. allgemeinen Berggesetzes hinaus, das nur die Berechtigung auf ein bestimmtes, einzelnes Mineral gibt (§ 51 preuß. Bergges.). In einem gemeinen Bergbaufelde dürfen aber ausnahmsweise auch Edelmineralien mitgewonnen werden, wenn sie nach Entscheidung der Bergbehörde infolge der Art der Lagerung mitgewonnen werden müssen (§ 55). Treffen in einem Bergbaufelde ein Bergwerkseigentum für gemeine und für Edelmineralien zusammen, was dann vorkommen kann, wenn zuerst ein gemeines Bergbaufeld vorhanden war und dasselbe Feld später ein anderer als Edelmineralfeld erworben hat, so hat jeder das Recht, die Mineralien der anderen Berechtigung mitzugewinnen und die Pflicht, die mitgewonnenen Mineralien gegen Erstattung der Kosten dem Berechtigten auf Verlangen herauszugeben (§ 56). Was aber bei Errichtung eines Hilfsbaues in freiem Felde an Mineralien gewonnen wird, gehört dem Gewinner; was bei einem Hilfsbau in fremdem Bergbaufelde gewonnen wird, gehört dem anderen Bergwerkseigentümer und ist diesem auf Verlangen unentgeltlich herauszugeben (§ 53).

Das Recht, die betreffenden Mineralien zu gewinnen, ist ausschließlich, d. h. der Bergwerkseigentüner hat das Recht, jeden anderen von der Gewinnung der betreffenden Mineralien auszuschließen. Dieses Recht kann er gegen Störungen durch die Unterlassungsklage aus § 1004 BGB. geltend machen; es wird ihm gegen verbotene Eigenmacht auch das Recht der Selbsthilfe aus § 859 BGB. nicht zu versagen sein. Außerdem steht ihm gegenüber schon vollendeten Eingriffen in sein Bergwerkseigentum der Anspruch aus §§ 823, 812 BGB. zu. Diese Rechte dienen dem Bergwerkseigentümer nicht nur zum Schutze gegen Eingriffe in sein Mineralgewinnungsrecht, sondern sind auch gegenüber allen bergbaulichen Anlagen anderer im Bereiche seines Bergbaufeldes gegeben, wenn sie nicht etwa wie der Grundstückseigentümer oder der Hilfsbauberechtigte zu solchen Anlagen in seinem Bergbaufelde besonders berechtigt sind.

Das Bergwerkseigentum hat, wie (oben Seite 17ff.) ausgeführt, neben diesem ausschließlichen Mineralgewinnungsrechte noch einzelne Nebenberechtigungen zum Gegenstande, die rechtlich als Bestandteile des Bergwerkseigentums anzusehen sind. Das ist zunächst die Berechtigung, die zur Aufsuchung und Gewinnung erforderlichen

Anlagen unter und über Tag, wie Schachtbauten, Förderanlagen, Entwässerungs- und Bewetterungsvorrichtungen herzustellen (§ 51). Der Bergwerkseigentümer kann ferner die zur Aufbereitung, zur Verhüttung und Beförderung seiner eigenen Bergwerkserzeugnisse erforderlichen Vorrichtungen treffen und betreiben (§ 52). Mit dieser Berechtigung geht die Bergverordnung in einem sehr wichtigen Punkte über das allg. preuß. Berggesetz hinaus, das das Bergwerkseigentum nur auf Aufbereitungsanstalten erstreckt. Zu den Aufbereitungsanstalten gehören nur die Anstalten, die die mechanische Verarbeitung, nicht aber die, welche die chemische Umsetzung der Bergwerkserzeugnisse bezwecken (so Rek.-Besch. vom 21. Februar 1876 Z. f. Bergr. Bd. 17 S. 117); also nur die Rost-, Glüh- und Koksöfen, die Pech-, Quetsch- und Mahlwerke, Brikettfabriken und Gradierwerke der Salinen, dagegen nicht die Hüttenwerke, die Anlagen zur Herstellung von Kalisalzen und Karnalit, Ringofenziegeleien, Mineralöl- und Paraffinfabriken (vgl. Erlaß des preußischen Ministers für Handel und Gewerbe vom 8. Dezember 1904 Z. f. Bergr. Bd. 46 S. 125 ff.). Das Bergwerkseigentum des kolonialen Bergrechtes schließt auch die zuletzt genannten Anlagen ein und erstreckt sich außerdem noch auf die zur Beförderung der eigenen Bergwerkserzeugnisse erforderlichen Vorrichtungen. Für welche Entfernungen dieses aus dem Bergwerkseigentume fließende Beförderungsrecht gegeben ist, wird nur nach Lage des einzelnen Falles entschieden werden können. Eine Grenze ist nur durch den Zweck der Beförderungsvorrichtung gezogen; nur für Bergwerkserzeugnisse, nicht für verhüttete oder weiter verarbeitete Erzeugnisse besteht die Befugnis der Beförderung. In der Regel werden die zum Bergwerkseigentume gehörigen Beförderungseinrichtungen daher nicht über Seil- und örtliche Schienenbahnen hinausgehen. Das Bergwerkseigentum erstreckt sich aber auf alle diese Anlagen nur, soweit sie der Verarbeitung und Förderung der eigenen Bergwerkserzeugnisse dienen. Werden auf den Anlagen auch fremde Bergwerkserzeugnisse verarbeitet und befördert, so unterliegen diese, für die fremden Erzeugnisse bestimmten Anlagen den gewöhnlichen Vorschriften über das bürgerlichrechtliche Eigentum und der Gewerbepolizei. Der Bergwerkseigentümer kann ferner im freien Felde und mit besonderer Genehmigung der Bergbehörde auch im fremden Schürf- oder Bergbaufelde Hilfsbaue errichten. Unter Hilfsbau sind Stollen, Schächte zur Luftzufuhr und Wasserableitung, Tunnels zur Mineralbeförderung u. a. zu verstehen. Das Recht zur Errichtung von Hilfsbauen ist aber nur im freien Feld unbegrenzt; im fremden Schürf- und Bergbaufelde ist es begrenzt einmal durch den Zweck des Hilfsbaues — nur zur Errichtung von Hilfsbauen, die der Entwässerung, der Bewetterung oder dem vorteilhafteren Betriebe des Bergwerkes dienen, kann die Befugnis durch die Bergbehörde erteilt werden —, dann durch das Interesse des belasteten Feldes — der Betrieb in dem fremden Felde darf nicht gestört oder gefährdet werden (§ 53). Die Nebenberechtigung auf den Hilfsbau bildet auch im preuß. allg. Berggesetz einen Bestandteil des Bergwerkseigentums. Nach § 60 Abs. 3 dieses Gesetzes, der nach § 1 Ziff. 2 AusfVdg. auch für das koloniale Bergrecht gilt, gilt der Hilfsbau als Bestandteil des berechtigten Bergwerkes oder der mehreren berechtigten Bergwerke, wenn sich die Eigentümer mehrerer Bergwerke zur gemeinschaftlichen Anlage vereinigt haben. Er bedarf, wenn der Hilfsbauberechtigte den Besitz erlangt hat, nicht der Eintragung ins Grundbuch, um gegenüber dem öffentlichen Glauben des Grundbuches wirksam zu sein. Zum Bergwerkseigentume gehört endlich auch noch das Recht, das in dem Bergbaufelde vorhandene oder ihm künstlich zugeführte Wasser zu bergbaulichen Zwecken zu verwenden, soweit die Bergebehörde dies bestimmt. Diese Bestimmung gilt nicht nur für das im Bergwerke selbst, sondern auch für das an der Oberfläche des Grundstückes vorhandene Wasser.

2. Vom Schürfen.

a) Begriff und Umfang des Schürfrechtes.

Unter Schürfen versteht man das Aufsuchen von Mineralien auf ihren natürlichen Lagerstätten durch bergmännische Arbeiten, wie graben, bohren usw.

Neben dem Satze des § 1: „Die nachstehend bezeichneten Mineralien sind von dem Verfügungsrechte des Grundeigentümers ausgeschlossen", enthält § 10: „Die Aufsuchung der in § 1 bezeichneten Mineralien auf ihren natürlichen Lagerstätten ist einem jeden gestattet" die wichtigste Bestimmung der ganzen Bergverordnung.

Dort ist der Grundsatz der Trennung von Grund- und Bergwerkseigentum, hier der der Bergbaufreiheit ausgesprochen. Das Recht jedes einzelnen, zu schürfen, ist nicht eine subjektive, dem einzelnen andern gegenüber oder an den Mineralien zustehende Berechtigung, die wie das Recht zum Bergbau erst der behördlichen Verleihung oder Anerkennung bedürfte; sondern es ist eine allgemeine einem jeden, nicht kraft eines individuellen Rechtes, sondern kraft der Eigenschaft der betreffenden Mineralien als bergbaufreien zustehende Berechtigung, ähnlich wie der Eigentumserwerb nach § 958 BGB. nicht auf einem besonderen individuellen Aneignungsrechte, sondern auf der Eigenschaft einer Sache als herrenlos beruht. Daher ist das Recht, zu schürfen, nach der Bergverordnung auch nicht mehr von dem Besitze eines Schürfscheines oder irgend einer behördlichen Erlaubnis abhängig, wie unter den früheren kolonialen Bergverordnungen und noch jetzt im Gebiete des britisch-afrikanischen Bergrechtes. (Nach Art. 6 the East Africa Mining Regulations von 1902 darf ohne prospectors license nicht geschürft werden.)

Was unter „jeder" in § 10 zu verstehen ist, ist unten (S. 18 ff.) in dem Abschnitte über Subjekte des Bergwerkseigentums schon ausgeführt worden.

In objektiver Beziehung sind von dem in § 10 ausgesprochenen Grundsatze der Schürffreiheit Ausnahmen gemacht, die zum Teil sehr einschneidend sind; es sind einzelne Plätze und ganze Gebiete dem allgemeinen Schürfrechte entzogen. Auf öffentlichen Wegen, Plätzen und Eisenbahnen, sowie auf Begräbnisplätzen darf nicht geschürft werden, ebenso nicht auf allen anderen Grundstücken, wenn überwiegende Gründe des öffentlichen Interesses nach Entscheidung der Bergbehörde entgegenstehen. Die Bergebehörde kann auch einen bestimmten Umkreis um Quellen und andere Wasserstellen vom Schürfen ausschließen. Unter Gebäuden und in einer Entfernung von 50 m von ihnen, in Gärten und eingefriedeten Hofräumen darf nicht geschürft werden, wenn der Eigentümer oder Nutzungsberechtigte es nicht besonders gestattet.

Nach §§ 93 und 94 können ganze Gebiete von der Freiheit des Schürfens ausgenommen sein, nämlich die Gebiete, in denen bei Erlaß der Bergverordnung bereits Sonderberechtigungen bestanden und die, für welche seit Inkrafttreten der Bergverordnung Sonderberechtigungen erteilt worden sind. Daß in dem Anerkenntnis der bei dem Erlasse der Bergverordnung schon bestehenden Sonderrechte keine grundsätzliche Einschränkung der Schürf- und Bergbaufreiheit zu erblicken ist, geht daraus hervor, daß diese Sonderrechte wohlerworbene Rechte waren, die nicht durch einseitigen Staatsakt aufgehoben werden konnten (s. darüber unten S. 93f.). Aber auch in der unter der Geltung der Bergverordnung weiterbestehenden Möglichkeit, Sonderberechtigungen zu erteilen, liegt keine grundsätzliche Einschränkung der Freiheit, zu schürfen und Bergbau zu treiben. Es wäre verfehlt, darin einen Anklang an die Idee des Bergregals zu finden, auch wenn, wie die Praxis gezeigt hat, diese Möglichkeit seit Erlaß der Bergverordnung fast nur zugunsten der Landesfiski des Schutzgebiets benutzt worden ist. Das System der Bergverordnung ist in vielen Bestimmungen noch weiter von dem Systeme des Bergregals abgerückt, als in dem preuß. allg. Berggesetze von 1865 geschehen ist. In der Erteilung von Sonderberechtigungen ist daher nur eine tatsächliche Einschränkung der grundsätzlich anerkannten Bergbaufreiheit zu sehen; eine Einschränkung, die in den besonderen wirtschaftlichen Verhältnissen der Schutzgebiete und der politischen und wirtschaftlichen Abhängigkeit der Schutzgebiete vom Deutschen Reiche begründet ist.

Der Reichskanzler kann ferner für das Schürfen und den Bergbau auf Edelsteine und auf andere, in angeschwemmter Lagerstätte lagernde Edelmineralien abweichende Vorschriften treffen (§ 96 Abs. 2 Ziff. 3). Die Bergbaufreiheit an Edelmineralien kann also auch auf Grund dieser Ermächtigung beschränkt werden. Ihre gänzliche Aufhebung und die Erteilung von Sonderberechtigungen auf Edelmineralien wird aber nur auf Grund des § 94, nicht des § 96 erfolgen können.

Auf allen anderen Gebieten ist das Schürfen einem jeden gestattet ohne Unterschied, ob er Eigentümer des betreffenden Grund und Bodens ist oder nicht. Während aber das Schürfen auf eigenem Grund und Boden über den sonstigen bürgerlichrechtlichen Rechtsbereich nicht hinausgreift, muß das Schürfen auf fremdem Grund und Boden notwendig zu einem Widerstreite der Rechte des Grundeigentümers und des Schürfers führen. Schon die Notwendigkeit, zum Schürfen das fremde Grundstück zu betreten, führt zu einem Eingriff in den fremden Rechtsbereich. Noch mehr die Notwendigkeit, darauf bergmännisch zu arbeiten, zu graben oder zu bohren und die damit verbundenen bergbaulichen Anlagen zu errichten. Die Bergverordnung regelt die sich aus diesem Widerstreite ergebenden Rechtsverhältnisse im Anschluß an das preuß. allg. Berggesetz. Der Schürfer kann die Überlassung der Benutzung des zur Anlage von Baulichkeiten, Wegen, Halden-, Ablage- und Niederlageplätzen und zu Weidezwecken erforderlichen fremden Grund und Bodens, sowie des darauf befindlichen Wassers und Holzes verlangen, soweit die Überlassung für die Schürfarbeiten notwendig ist. Mit der Überlassung des fremden Grund und Bodens zu Weidezwecken und des darauf befindlichen Wassers und Holzes an den Schürfer erweitert die Bergverordnung den Rechtsbereich des Schürfers über den des preuß. allg. Berggesetzes hinaus. Die Bergverordnung hat diese Bestimmungen im Anschluß an das britisch-afrikanische Bergrecht getroffen (vgl. Art. 6 the East Afr. Min. Reg., wo im einzelnen noch bestimmt wird, für wie viele Tiere ein Weiderecht besteht) und so auf dem Umwege über das britische Recht den Weg zu einer Rechtsbestimmung des ältesten deutschen Bergrechts gefunden, das ebenfalls dem Schürfer ein Recht auf Weide, Wasser und Holz gegeben hat. Diese Bestimmung ist einerseits notwendig gewesen, da bei den unentwickelten Verkehrsverhältnissen der Schutzgebiete die Herbeischaffung von Futter, Holz und Wasser sehr erschwert wäre, anderseits ist bei dem extensiven Landwirtschaftsbetriebe der Schutzgebiete der Eingriff in die Rechte des Grundeigentümers nicht so empfindlich. Wo eine wesentliche Schädigung des Landwirtschaftsbetriebes eintreten würde, ist daher auch das Recht auf Weide, Wasser und Holz nicht gegeben (§ 12). (Vgl. Näheres darüber unten in dem Abschnitte über das Rechtsverhältnis zwischen Grundeigentümer und Bergwerkseigentümer S. 67 ff.)

Ebenso dem britisch-afrikanischen Bergrechte (vgl. Art. 6 the East Afr. Min. Reg. und Art. 10 Mining Ordonance von 1907) ist abweichend vom preuß. allg. Berggesetz die Bestimmung entnommen, daß die beim Schürfen gewonnenen Mineralien nicht in das Eigentum des Schürfers übergehen; daß der Schürfer über diese Mineralien vielmehr nur zu Probe-, Versuchs- und zu wissenschaftlichen Zwecken und zu Zwecken seiner eigenen Schürfarbeiten verfügen darf. Verfügt der Schürfer ohne Genehmigung der Bergbehörde über diese Mineralien zu anderen Zwecken, so macht er sich strafbar und muß außerdem den Wert der Mineralien an die Bergbehörde herausgeben. Diese Besonderheit des kolonialen Bergrechtes ist durch das offene Vorkommen von Edelsteinen und von gediegenem Golde auf angeschwemmten Lagerstätten veranlaßt.

b) Das Recht am Schürffelde.

Das Schürfen ist einem jeden gestattet und an keinerlei rechtliche Voraussetzungen gebunden, weder an den Besitz eines Schürfscheines, noch an eine besondere behördliche Erlaubnis. Dementsprechend entstehen für den Schürfer aus der Tatsache des Schürfens keine Rechte gegenüber anderen Schürfern oder Bergbautreibenden. Das Schürfen ist ein rein tatsächlicher Vorgang; es gibt, wie eben ausgeführt, nicht einmal ein Eigentumsrecht an den dabei aufgefundenen Mineralien. Jeder andere Schürfer kann unmittelbar an der Schürfstelle des ersten Schürfers zu schürfen beginnen und die gleichen Rechte gegen den Grundeigentümer (s. oben S. 37) auf Überlassung der Benutzung von Grund und Boden zu Schürfzwecken geltend machen wie der erste Schürfer.

Rechtliche Bedeutung erhält das Schürfen erst mit der Belegung eines Schürffeldes. Erst mit dieser Belegung hebt das Recht des Schürfers sich von dem allgemeinen, nicht auf dem subjektiven Rechte des einzelnen, sondern auf der Eigenschaft der Mineralien als bergbaufrei beruhenden Rechte, zu schürfen, heraus. Es entsteht ein Sonderrecht des Belegers am Schürffelde, das nicht identisch ist mit dem allgemeinen Schürfrechte auf Grund der Schürffreiheit; das im Gegenteil die Ausschließung der Schürffreiheit für alle anderen für Ort und Dauer der Belegung zur Folge hat. Neben dieser Ausschließlichkeit des Rechtes am Schürffelde besteht der wesentliche Inhalt dieses Rechtes darin, daß allein aus der Tatsache der Belegung eines Schürffeldes der Anspruch auf den Erwerb von Bergwerkseigentum durch Umwandlung des Schürffeldes in ein Bergbaufeld entsteht. Solange ein Schürfer ein solches Schürffeld nicht belegt hat, kann jeder spätere Schürfer die Schürfstelle eines früheren Schürfers als Schürffeld belegen und damit den früheren Schürfer vom weiteren Schürfen und vom Erwerbe von Bergwerkseigentum an dieser Stelle ausschließen.

Irgend eine Rechtsvorschrift, nach der ein Schürfer vor dem anderen durch die Erfüllung gewisser Voraussetzungen bevorzugt wird, kennen alle Bergrechte, die auf dem Grundsatze der Bergbaufreiheit aufgebaut sind. Eine solche Vorschrift ist nötig, um gegenüber dem allgemeinen Rechte, zu schürfen, eine Unterscheidung zu treffen, wem von den Schürfberechtigten der Anspruch auf Erwerb von Bergwerkseigentum für ein bestimmtes Gebiet zustehen soll. Die deutschen Bergrechte haben diese Unterscheidung an das Vorliegen eines abbauwürdigen Fundes geknüpft und dementsprechend dem ersten Finder und Muter oder dem mutenden Grundstückseigentümer (§§ 15, 22, 24, 25 preuß. allg. Berggeſ.) einen Anspruch auf Verleihung von Bergwerkseigentum vor späteren Findern und Mutern gegeben. Ebenso das britisch-afrikanische Bergrecht (Art. 17 the East Afr. Min. Reg.). Das deutsche koloniale Bergrecht ist in diesem Punkte von dem deutschen und dem britischen Bergrechte, die ihm in den meisten übrigen Rechtsbestimmungen als Vorlage gedient haben, abgewichen und legt dem Funde gar keine rechtliche Bedeutung bei. Es mußte für dieses Vorrecht daher eine andere Rechtsform schaffen und hat dies mit dem Rechte am Schürffelde getan. Im System des geltenden deutschen Bergrechtes, das die Rechtseinrichtung des Schürffeldes nicht kennt, ist natürlich auch für das Recht am Schürffelde kein Platz. Es gilt daher, das Verhältnis dieses neuen Rechtsbegriffes zum Rechte des Bergwerkseigentums zu finden. Das Recht am Schürffelde ist weder ein obligatorisches Recht, da es gegen alle wirkt; noch ein dingliches, da es keine dinglich wirkenden Rechtsbeziehungen zu einer Sache schafft. Es begründet nicht etwa gegenüber dem Grundstückseigentümer oder gegenüber der Gesamtheit aller anderen, auf Grund der allgemeinen Schürffreiheit Schürfberechtigten ein schuldnerisches Rechtsverhältnis, noch erwirbt der Beleger mit dem Rechte am Schürffelde Eigentum oder zivilrechtlichen Besitz am Schürffelde oder den Mineralien. Das britisch-afrikanische Bergrecht allerdings gibt dem Inhaber eines Schürfscheines das Recht, ein

Schürffeld abzustecken und „in Besitz zu behalten" (Art. 10 the East Afr. Min. Reg.). Dem deutschen kolonialen Bergrechte aber ist eine solche Bestimmung unbekannt. Der Beleger wird zwar auch nach deutschem kolonialen Bergrechte ein dem bürgerlichrechtlichen Besitzrechte ähnliche tatsächliche Herrschaft über das Schürffeld ausüben; dieses Herrschaftsrecht äußert sich aber nur auf bergrechtlichem Gebiete in der Befugnis, andere von bergmännischen Arbeiten auszuschließen. Diese Ausschließungsbefugnis ist geschützt durch die Strafvorschriften des § 90 und wie das Bergwerkseigentum durch die Klage aus § 823 BGB., und zwar nicht nur aus § 823 Abs. 2 BGB. in Verbindung mit § 90, sondern auch aus § 823 Abs. 1 BGB., denn das Recht am Schürffelde ist als ein „sonstiges Recht" im Sinne des § 823 BGB. zu betrachten. Der Beleger wird gegenüber Eingriffen in sein ausschließliches Aufsuchungsrecht auch die Klage auf Unterlassung in analoger Anwendung des § 1004 BGB. haben.

Der Erwerb des Rechtes am Schürffelde ist wie der des Bergwerkseigentums von der Befolgung wesentlicher Formvorschriften und der Einhaltung eines bestimmten Verfahrens abhängig. Jedes Recht am Schürffelde, jede Änderung an ihm und seine Aufgabe sind in ein Schürfregister einzutragen, das, ebenso wie das Berggrundbuch für das Bergwerkseigentum, bis zu einem gewissen Grade die Aufgabe der Öffentlichkeit hat. Die Eintragungen sind von Amts wegen zu machen; jedoch ohne daß das Entstehen des Rechtes von der Eintragung abhängig wäre, wie auch das Entstehen des Bergwerkseigentums nicht von der Eintragung ins Berggrundbuch abhängig ist. Die Einsicht in das Schürfregister ist einem jeden gestattet. Der in das Schürfregister Eingetragene kann von der Bergbehörde als der an dem Schürffelde Berechtigte und Verpflichtete behandelt werden, auch wenn er nicht mehr am Schürffelde berechtigt ist. Über den Eintrag in das Schürfregister ist eine Bescheinigung zu erteilen, ebenso wie auf Antrag eine Ausfertigung der Urkunde über das Entstehen des Bergwerkseigentums (§ 49 Abs. 2). Das Recht am Schürffelde ist nicht an die Person des Erwerbers gebunden; es ist vielmehr Gegenstand des Rechtsverkehrs und kann durch Vertrag übertragen werden. Als Gegenstand des Rechtsverkehrs ist es zwar nicht — wie das Bergwerkseigentum — den unbeweglichen Sachen gleichgestellt; für seine Übertragung gelten aber die gleichen Vorschriften wie nach §§ 18 ff. Grundstücksverordnung vom 21. November 1902 für die Übertragung von Grundstücken, die nicht in das Grundbuch eingetragen sind. Nach § 30 ist die Einigung des Veräußerers und des Erwerbers erforderlich und ausreichend. Die Einigungserklärungen müssen schriftlich oder zu Protokoll einer öffentlichen Behörde des Schutzgebietes abgegeben werden. Die Übertragung kann nicht unter einer Bedingung oder Zeitbestimmung erfolgen. Sie ist der Bergbehörde anzuzeigen, die sie von Amts wegen in das Schürfregister einzutragen hat. Das Recht am Schürffelde gibt nicht nur das Recht, jeden anderen von der Aufsuchung von Mineralien im Schürffelde auszuschließen, wie das Bergwerkseigentum von der Gewinnung von Mineralien; sondern auch das Recht, alle bergbaulichen Anlagen in dem Schürffelde durch andere zu untersagen, wenn sie nicht als Grundeigentümer oder Hilfsbauberechtigte dazu einen besonderen Rechtstitel haben. Das Benutzungsrecht am fremden Grund und Boden (s. oben S. 37) ist aber nicht ein Ausfluß des besonderen Rechtes am Schürffelde, sondern des allgemeinen Schürfrechtes auf Grund der Schürffreiheit. Diese Benutzungsrechte stehen daher auch dem Schürfer zu, der im freien Felde schürft.

Aus dem Gesagten ergibt sich, daß das Recht am Schürffelde ein selbständiges Recht eigentümlicher Art ist, das sich mit keinem der Rechtsbegriffe des bürgerlichen Rechtes oder des deutschen Bergrechtes deckt; in vielen Beziehungen aber dem Bergwerkseigentum ähnlich ist, daher als ein Recht von derselben Art, aber minoris generis betrachtet werden kann und sich in der rechtlichen Konstruktion zum Bergwerkseigentume etwa ähnlich verhält, wie das Mineralgewinnungsrecht des preußischen Bergrechtes (§ 38c preuß. allg. Berggeſ.) zum Bergwerkseigentume.

c) Erwerb und Verlust des Rechtes am Schürffelde.

Das Recht am Schürffelde wird durch die Belegung eines Schürffeldes erworben. Diese Belegung kann an jeder beliebigen, noch nicht belegten Stelle bergbaufreien Gebietes erfolgen. Für das Schürffeld sind Rechtecksform und bestimmte Höchstmaße vorgeschrieben, die für Edelmineralschürffelder und gemeine Mineralschürffelder verschieden sind. Bei den Edelmineralschürffeldern betragen die Seitenlinien höchstens 400 m zu 200 m, der Flächeninhalt also höchstens 8 ha, bei gemeinen Mineralschürffeldern höchstens 1200 m zu 600 m, der Flächeninhalt also höchstens 72 ha. Die Belegung erfolgt nach § 24 Abs. 1 in der Weise, daß an einer in die Augen fallenden Stelle, tunlichst in der Mitte des Schürffeldes ein deutlich erkennbares Merkmal aufgerichtet und unterhalten wird, auf dem in haltbarer Schrift anzugeben sind: 1. der Name des Schürfers, 2. die Art des Schürffeldes, 3. Tag und Stunde der Aufrichtung des Merkmales, 4. die Ordnungsnummer des Schürffeldes, wenn der Schürfer mehrere Schürffelder belegt hat. Die Langseiten des Schürffeldes müssen durch 2 wenigstens 2 m lange Gräben zu beiden Seiten des Merkmals angedeutet werden (§ 24 Abs. 2). Merkmale dürfen nur in der Zeit zwischen Sonnenaufgang und Sonnenuntergang errichtet werden. Mit der vorschriftsmäßigen Errichtung des Merkmals nach § 24 Abs. 1 ist das Schürffeld belegt und zwar das Edelmineralschürffeld gegen jeden anderen, das gemeine Schürffeld gegen jeden Schürfer auf gemeine Mineralien, nicht aber gegen einen Edelmineralschürfer. Die Schließung des Schürffeldes tritt nicht ein, wenn die in § 24 Abs. 1 über die Errichtung des Merkmales gegebenen Vorschriften nicht eingehalten sind, wenn also z. B. eine der vorgeschriebenen Angaben nicht oder falsch gemacht worden ist. Dagegen ist die Anlegung der Gräben zu beiden Seiten des Merkmales kein so wesentliches Erfordernis, daß sie eine Voraussetzung für die Schließung des Feldes bilden. § 25 macht den Eintritt der Schließung nur von den für das Merkmal in § 24 Abs. 1 vorgeschriebenen Erfordernissen abhängig; nicht aber von den in § 24 Abs. 2 für die Gräben vorgeschriebenen. Da die Gräben in § 25 also nicht erwähnt sind, ist e contrario zu schließen, daß das Schürffeld belegt und geschlossen ist, auch wenn die Gräben nicht oder nicht vorschriftsmäßig angelegt worden sind. Ob ein Verstoß gegen die Vorschrift des § 24 Abs. 4, daß das Merkmal nicht in der Zeit zwischen Sonnenuntergang und Sonnenaufgang errichtet werden darf, den Eintritt der Schließung hindert, mag zweifelhaft sein. § 24 Abs. 4 ist zwar in § 25 ebenfalls nicht erwähnt; bei § 24 Abs. 4 handelt es sich aber nicht wie bei § 24 Abs. 1

und 2 um das Gebot von Formvorschriften, sondern um ein Verbot, dessen Wesentlichkeit nicht noch besonders hervorgehoben werden muß. Es ist daher anzunehmen, daß durch die Errichtung eines Merkmales in der Zeit zwischen Sonnenuntergang und -aufgang die Schließung nicht eintritt.

Nach der durch die Errichtung des Merkmales erfolgten Belegung des Schürffeldes müssen die Eckpunkte des Feldes binnen 2 Wochen durch deutlich sichtbare, wenigstens 1 m hohe Pfähle oder Steinmale kenntlich gemacht sein, die die gleichen Angaben zu tragen haben wie das Merkmal in der Mitte des Feldes. Können die Pfähle oder Steinmale nicht auf den Eckpunkten errichtet werden, weil diese unzugänglich sind oder wird das Merkmal nicht in der Mitte des Feldes errichtet, so ist die Lage der Eckpunkte oder der Mitte sonstwie kenntlich zu machen.

Die Belegung des Schürffeldes ist der Bergbehörde sofort anzuzeigen. Die Anzeige muß bei der Bergbehörde binnen 4 Wochen nach der Belegung, also nach Errichtung des Merkmales in der Mitte, nicht etwa erst nach Errichtung der Eckmale, schriftlich oder zu Protokoll eingegangen sein. Die Anzeige muß über die Person des Schürfers, die Art, Lage und Größe des Schürffeldes genaue Angaben und eine Skizze des Schürffeldes enthalten (§ 28).

Die mehrerwähnte Unterscheidung der Schürffelder in Edel- und gemeine Mineralschürffelder ist dem britisch-afrikanischen Bergrechte entnommen (s. oben S. 30) und durch die wirtschaftliche und bergbauliche Verschiedenheit der Edelmineralien und gemeinen Mineralien, insbesondere durch den hohen Wert der Edelmineralien und die im Verhältnis dazu oft sehr geringen Gewinnungskosten veranlaßt. Der Unterschied besteht nur darin, daß bei Edelmineralien die Felder kleiner und die Abgaben größer sind als bei den gemeinen Mineralien und daß durch die Belegung eines Edelmineralfeldes die Schließung für alle bergbaufreien Mineralien; durch die Belegung eines gemeinen Mineralfeldes aber nur die Schließung für die gemeinen Mineralien eintritt. Ein gemeines Mineralfeld kann daher nachher noch von einem anderen als Edelmineralfeld belegt werden. Die bereits erworbenen Rechte des Schürfers auf gemeine Mineralien bleiben davon natürlich unberührt, so daß in diesem einen Falle das Recht am Edelmineralfelde nur Rechte an den Edelmineralien gibt.

Die Zahl der Schürffelder, die ein einziger Schürfer belegen kann, ist nicht begrenzt. Er kann daher beliebig viele Schürffelder belegen (§ 23 Abs. 1). Die Bergverordnung weicht in diesem Punkte von dem britisch-afrikanischen Bergrechte ab. Nach Art. 10 the East Afr. Min. Reg. kann niemand mehr als ein Schürffeld gleichzeitig abstecken.

Das Recht am Schürffelde, dessen wesentlicher Inhalt die Schließung des Feldes gegen andere ist, ist dementsprechend mit dem Eintritt dieser Schließung, d. h. mit der Errichtung des Merkmales in der Mitte entstanden und von dem Beleger erworben. Die weiteren Formvorschriften der §§ 26, 28 über die Errichtung von Eckmalen und die Anzeige an die Bergbehörde haben auf den Erwerb des Rechtes am Schürffelde keinen Belang. Ihre Einhaltung ist nur notwendig, um das bereits erworbene Recht am Schürffelde zu erhalten. Denn nach § 26 Abs. 2 und § 29 hört die Schließung des Feldes wieder auf, wenn nicht binnen 2 Wochen nach der Belegung die Eckmale vorschriftsmäßig errichtet, wenn die zulässige Feldesgröße überschritten oder von der vorgeschriebenen Rechtecksform wesentlich abgewichen und wenn die Anzeige bei der Bergbehörde nicht binnen 4 Wochen nach der Belegung eingegangen ist. Mit dem Aufhören der Schließung fällt das Feld wieder ins Bergfreie und damit ist auch das Recht am Schürffelde wieder untergegangen. Die gleiche Wirkung tritt ein, wenn die Schürffeldgebühr (s. oben S. 77) nicht am Tage der Fälligkeit bezahlt ist (§ 27 Abs. 2) und wenn bei der Bergbehörde die Erklärung des Belegers eingeht, daß er auf das Recht am Schürffelde verzichte (§ 31). Fraglich mag sein, ob durch die nachträglich eintretende Mangelhaftigkeit des Merkmales oder der Eckmale die bereits eingetretene Schließung wieder aufhört. Eine dahingehende ausdrückliche Vorschrift enthält die Bergverordnung nicht. Für das Merkmal ist aber vorgeschrieben, nicht nur, daß es aufgerichtet, sondern auch u n t e r h a l t e n werden muß, und für die Eckmale, daß die Eckpunkte binnen 2 Wochen nach Belegung kenntlich gemacht s e i n (nicht etwa nur werden) müssen. Es ist also auch hier der Zustand der Dauer ausgedrückt. Es ist daher anzunehmen, daß auch das vorschriftsmäßige Weiterbestehen der Merk- und Eckmale eine wesentliche Voraussetzung für den Bestand der Schließung des Feldes ist und daß mit der Entfernung eines solchen Males durch den Beleger die Schließung wieder aufhört, ebenso wenn ein Mal durch elementare Einflüsse vernichtet oder beschädigt wird, ohne daß der Beleger für vorschriftsmäßige Wiederherstellung sorgt. Aus dem Gesagten ergibt sich, daß der Beleger sein Recht am Schürffelde nicht nur durch die ausdrückliche Verzichtserklärung gegenüber der Bergbehörde gemäß § 31 aufgeben kann, sondern daß er dies auch stillschweigend tun kann, indem er die Merk- oder Eckmale absichtlich entfernt. Dagegen ist nachträglich eintretende Mangelhaftigkeit der Gräben ohne Belang für die Fortdauer der Schließung, da, wie oben ausgeführt, schon ihre vorschriftsmäßige Herstellung keine Voraussetzung für den Eintritt der Schließung war. Hört die Schließung des Feldes aus irgend einem Grund auf, so muß der Beleger die Merkmale und Eckzeichen in deutlich erkennbarer Weise entfernen, widrigenfalls die Bergbehörde die Zeichen auf seine Kosten entfernen lassen kann.

Durch die Belegung eines Schürffeldes übernimmt der Beleger keine weitere Verpflichtung, als die Schürffeldgebühr zu bezahlen. Er hat also vor allem keine Betriebspflicht, wie nach britisch-afrikanischem Rechte, nach dem der Beleger wenigstens an 7 Tagen des Monats Schürfarbeiten vornehmen muß.

3. Erwerb und Verlust des Bergwerkseigentums.

Das Bergwerkseigentum kann entweder als ursprüngliches oder als abgeleitetes erworben werden. Der ursprüngliche Erwerb des Bergwerkseigentums fällt mit seiner Entstehung zusammen und ist Gegenstand der bergrechtlichen Regelung. Das nach den Vorschriften des Bergrechtes entstandene Bergwerkseigentum ist Gegenstand des Rechtsverkehrs wie alle anderen Rechte und Sachen. Mit dem Bergwerkseigentume als Gegenstand des Rechtsverkehrs hat das Bergrecht nichts zu tun; es unterliegt in dieser Beziehung den gewöhnlichen bürgerlichrechtlichen Vorschriften. Diese sollen im Anschluß an die Vorschriften über den ursprünglichen Erwerb erörtert werden.

a) Der ursprüngliche Erwerb.

Der Anspruch auf den Erwerb von Bergwerkseigentum ist, wie oben ausgeführt, neben der Ausschließung anderer vom Aufsuchen von Mineralien der wesentliche Inhalt des Rechtes am Schürffelde. Der an einem Schürffelde Berechtigte kann nach § 37 jederzeit beanspruchen, daß das Schürffeld oder ein Teil desselben in ein Bergbaufeld umgewandelt werde und da durch diese Umwandlung zusammen mit der Beurkundung der Umwandlung durch die Bergbehörde nach § 49 für den Berechtigten das Bergwerkseigentum begründet wird, bildet also das Recht am Schürffeld die einzige rechtliche Voraussetzung für den Erwerb von Bergwerkseigentum. Darin unterscheidet das koloniale Bergrecht sich grundlegend von dem preußischen und auch von dem britisch-afrikanischen Bergrechte. Während nach § 15 preuß. allg. Berggesetz Voraussetzung für die Verleihung des Bergwerkseigentums ist, „daß ein Mineral an einem bestimmt bezeichneten Fundpunkte auf seiner natürlichen Ablagerung vor der Mutung (= Antrag auf Verleihung von Bergwerkseigentum) entdeckt worden ist und bei der amtlichen Untersuchung in solcher Menge und Beschaffenheit nachgewiesen wird, daß eine zur wirtschaftlichen Verwertung führende bergmännische Gewinnung des Minerals möglich erscheint", ist es für das koloniale Bergrecht ganz gleichgültig, ob ein Fund gemacht worden ist, ob Mineralien in dem zukünftigen Bergbaufelde überhaupt vorkommen oder nicht. Diese Abweichung von den im deutschen Rechtsgebiete geltenden bergrechtlichen Vorschriften erschien dem Gesetzgeber so wichtig, daß er es für nötig hielt, sie im Gesetze besonders hervorzuheben, indem er sie in § 37 ausdrücklich betonte, daß der Anspruch auf Umwandlung „auch ohne den Nachweis eines Fundes" gegeben ist. An die Stelle des deutschrechtlichen Vorrechtes des ersten Finders und Muters ist damit im kolonialen Bergrechte das Vorrecht des ersten Belegers getreten. Da das deutsche koloniale Bergrecht in diesem Punkte auch von dem britisch-afrikanischen Bergrechte abweicht, das ihm gerade bei den übrigen Vorschriften über Belegung und Umwandlung der Schürffelder als Vorlage gedient hat, kann diese Besonderheit des deutschen kolonialen Bergrechtes nicht allein damit erklärt werden, daß die Prüfung eines Fundes und seiner Abbauwürdigkeit durch die Behörden in den Schutzgebieten oft mit großen Schwierigkeiten verbunden sind. Diese Schwierigkeiten werden in Britisch-Ostafrika nicht viel geringer sein. In dieser Abweichung von dem deutschen Rechte wird eher eine Weiterbildung des deutschrechtlichen Grundsatzes der Bergbaufreiheit zu erblicken sein, die durch das verschiedene Verhältnis des wirtschaftlichen Wertes von Grund- und Bergwerkseigentum in dem dicht bewohnten und intensiv bewirtschafteten deutschen Reiche und den schwach besiedelten und extensiver bewirtschafteten Schutzgebieten ermöglicht worden ist. In den Schutzgebieten ist der Affektionswert und der landwirtschaftliche Ertragswert von Grund und Boden noch nicht so groß, daß die bergmännischen Eingriffe in das Grundeigentum von dem Nachweise eines abbauwürdigen Fundes, also eines überwiegenden bergbaulichen und öffentlichen Interesses abhängig gemacht werden müßten. Auch in dem Wegfalle des staatlichen Verleihungsaktes liegt eine stärkere Betonung des Rechtes eines jeden, Mineralien zu gewinnen. Wenn in der Verleihung des Bergwerkseigentums durch die Staatsbehörde, wie sie die meisten deutschen Bergrechte noch haben, auch nicht ein Rest bergregalischer Rechtsanschauungen zu erblicken ist, so liegt in ihr doch eine starke Hervorhebung der staatlichen Hoheitsrechte am Bergbau gegenüber den Bergbaulustigen. Von diesem Gesichtspunkte aus hat die Verleihung, auch wenn dem fündigen Muter ein Rechtsanspruch auf Verleihung von Bergwerkseigentum zusteht, ein konstitutives Element in sich. Im kolonialen Bergrechte dagegen hat die Beurkundung der Umwandlung des Schürffeldes in ein Bergbaufeld, durch die das Bergwerkseigentum begründet wird, nur eine erklärende und feststellende Wirkung. Dadurch, daß das Bergwerkseigentum nicht mehr von der staatlichen Behörde verliehen wird, ist mehr als im deutschen Bergrechte zum Ausdruck gebracht worden, daß der Erwerb von Bergwerkseigentum aus dem eigenen Rechtsbereiche des einzelnen, nicht aus dem staatlichen Hoheitsrechte fließt. Mag diese Weiterentwicklung der Bergbaufreiheit nun beabsichtigt gewesen sein oder nicht — auf Ersteres läßt die gleichzeitige Abweichung vom heimischen und vom britisch-afrikanischen Bergrechte schließen —; auf jeden Fall kann die Tatsache festgestellt werden, daß das koloniale Bergrecht durch das Wegfallen des Erfordernisses der Fündigkeit und durch die Ersetzung der Verleihung durch eine einfache behördliche Erklärung gegenüber dem geltenden heimischen Bergrechte noch freiheitlicher gestaltet ist. Eine Kritik dieser Entwicklung auf ihre wirtschaftliche Nützlichkeit hin ist nicht Zweck dieses Aufsatzes. Es ist aber darauf hinzuweisen, daß im Gebiete des heimischen Bergrechtes die Entwicklung der letzten Jahre eher umgekehrt war. Die Sperrung der Kohle und des Salzes, die das preußische Gesetz über die Mutungssperre vom 5. Juli 1905 (preuß. GesSlg. S. 265) und vom 10. Juni 1907 gebracht haben und die zum Teil auch in den Berggesetzen anderer deutscher Staaten zu finden ist, und die monopolistischen Bestrebungen im Kalibergbau deuten eher auf eine Beschränkung der Bergbaurechte des Einzelnen hin.

Die Umwandelung des Schürffeldes in ein Bergbaufeld erfolgt entweder auf Antrag des Berechtigten oder von Amts wegen. Der Antrag des Berechtigten ist an keine anderen rechtlichen Voraussetzungen gebunden als an die vorschriftsmäßige Belegung des Schürffeldes. Der Antrag ist bei der Bergbehörde oder einer anderen vom Gouverneure zu bestimmenden Behörde einzureichen und hat den Namen des zukünftigen Bergbaufeldes zu enthalten. Mit dem Antrage ist ein Lageplan und eine Beschreibung des Feldes vorzulegen. Die Umwandelung von Amts wegen, die auch das britisch-afrikanische Bergrecht kennt (Art. 18 the East Afr.-Min.-Reg.), erfolgt — selbst gegen den Willen des Schürffeldberechtigten —, wenn im Schürffelde regelmäßig Mineralien gewonnen werden oder wenn das Schürffeld 2 Jahre lang geschlossen gehalten worden ist. Diese Befugnis zur zwangsweisen Umwandelung ist der Bergbehörde gegeben worden, einmal um zu verhüten, daß ein fündiger Schürfer, der regelmäßigen Bergbau treibt, sich den nur für die Bergbaufelder geltenden Bestimmungen über den Bergwerksbetrieb, insbesondere über Steuern und Abgaben dadurch entzieht, daß er sein Schürffeld nicht in ein Bergbaufeld umwandeln läßt; sodann aber um zu verhüten, daß große Gebiete längere Zeit ohne bergmännische Arbeit belegt und gesperrt gehalten werden, was die bergbauliche Entwickelung der Schutzgebiete aufhalten und ein spekulatives Element in den Bergwerksbesitz bringen würde. Aus diesem Grunde kann die Bergbehörde auch statt der Umwandelung das Aufhören der Schließung aussprechen mit der Wirkung, daß das Schürffeld wieder frei wird und der bisher Berechtigte von der nochmaligen Belegung des gleichen Schürffeldes ausgeschlossen wird (§ 38).

Das Umwandelungsverfahren vollzieht sich in drei Abschnitten.

1. Das Feld ist zu vermessen und zu vermarken. Die Kosten hat der Berechtigte zu tragen. Weigert er sich bei der Umwandelung von Amts wegen, vermessen und vermarken zu lassen, so kann die Bergbehörde entweder auf seine Kosten vermessen und vermarken lassen (§ 42) oder sie kann die Umwandelung versagen mit der Wirkung, daß die Schließung des Feldes aufgehoben wird (§ 41 Abs. 2). Die Bergbehörde hat über die Vermessung und Vermarkung eine Urkunde aufzunehmen, der ein Vermessungsriß beizufügen ist. Die Größe des Bergbaufeldes ist nicht begrenzt. Seine Höchstfläche wird sich in der Regel mit der des Schürffeldes decken, also bei Edelmineralbergbaufeldern 8 ha, bei gemeinen 72 ha betragen; da aber nach § 40 mehrere aneinanderstoßende Schürffelder zu einem Bergbaufelde vereinigt werden können, ist eine größere Ausdehnung nicht ausgeschlossen. Die Form des Bergbaufeldes soll wie die des Schürffeldes ein Rechteck sein, im Verhältnis der Langseiten zu den Schmalseiten ist bei den Bergbaufeldern aber ein größerer Spielraum gegeben. Während beim Schürffelde nach den oben auf Seite 42 angegebenen Ziffern die Langseiten höchstens das Doppelte der Schmalseiten betragen können, können sie beim Bergbaufelde fünfmal so lang sein wie die Schmalseiten.

2. Nach Durchführung der Vermessung macht die Bergbehörde die in Aussicht genommene Umwandelung öffentlich bekannt und teilt sie denjenigen besonders mit, deren Gegenansprüche ihr bekannt sind. Mit der Bekanntmachung ist ein öffentliches Aufgebot entgegenstehender Rechte unter Fristsetzung und Androhung des Erlöschens der entgegenstehenden Rechte zu verbinden, wenn ein Widerspruch gegen die Umwandelung nicht eingelegt worden ist. Nach Ablauf der Aufgebotsfrist entscheidet die Bergbehörde über die angemeldeten Widersprüche. Diese Entscheidung kann von dem, gegen den sie ergangen ist, binnen 3 Monaten durch Klage gegen den nach der Entscheidung Berechtigten vor den ordentlichen Gerichten angefochten werden (§§ 44—46).

3. Nach Ablauf der Aufgebotsfrist, wenn ein Widerspruch nicht eingelegt worden ist; nach der endgültigen Erledigung der Widersprüche, wenn solche angemeldet waren und Anfechtungsklage gegen die Entscheidung der Bergbehörde erhoben worden ist, entscheidet die Bergbehörde über die Umwandelung des Schürffeldes in ein Bergbaufeld. Diese Entscheidung ist nur mit der Verwaltungsbeschwerde anfechtbar. Mit dem Eintritte der Unanfechtbarkeit dieser Entscheidung stellt die Bergbehörde über die Umwandelung eine Urkunde aus, die über die Person des Berechtigten und das Bergbaufeld bestimmte Angaben zu enthalten hat. Mit der Unterzeichnung dieser Urkunde durch die Bergbehörde ist das Bergwerkseigentum für den Berechtigten begründet und erlöschen alle ihm entgegenstehenden und nicht besonders vorbehaltenen Rechte, ohne Unterschied, ob für sie ein förmlicher Widerspruch erhoben war oder nicht (§§ 47—49). Dieses Umwandelungsverfahren entspricht dem in den Ausführungsbestimmungen vom 12. August 1902 zu the East Africa Mining Regulations geregelten Verfahren des britisch-afrikanischen Bergrechtes. Von dem formellen Verleihungsverfahren des preuß. allg. Berggesetzes unterscheidet es sich hauptsächlich dadurch, daß nach diesem Gesetze die öffentliche Ausschreibung und der Rechtsweg vor den ordentlichen Gerichten erst nach Begründung des Bergwerkseigentums stattfindet, nach kolonialem Bergrechte aber schon vorher.

b) Die Aufhebung des Bergwerkseigentums.

Wie der ursprüngliche Erwerb des Bergwerkseigentums mit seiner Entstehung zusammenfällt, so hat auch die Aufhebung des Bergwerkseigentums nicht nur den Verlust des Bergwerkseigentums für den bisher Berechtigten, sondern den Untergang des Rechtes selbst zur Folge. Das Bergwerkseigentum selbst geht unter mit den Nebenrechten, die als Bestandteile zu ihm gehören. Mit dem Untergange des Bergwerkseigentums, das im Rechtsverkehr als unbewegliche Sache gilt und als solche Gegenstand dinglicher Belastung sein kann, haben solche dinglichen Belastungen auch ihre rechtliche Unterlage verloren und es gehen daher auch alle dinglichen Rechte an dem aufgehobenen unkörperlichen Bergwerkseigentume unter.

Die Bergverordnung kennt 4 Aufhebungsgründe, nämlich 1. Unterlassung des Bergwerksbetriebes im vorgeschriebenen Umfang (§ 57), 2. Mangelhaftigkeit in der Leitung und Beaufsichtigung des Bergwerksbetriebes (§ 60 Abs. 3), 3. Ergebnislosigkeit der zwangsweisen Beitreibung rückständiger Abgaben (§ 66 Abs. 2), 4. Freiwilliger Verzicht (§ 74).

Die Aufhebung des Bergwerkseigentums erfolgt in einem besonderen, in den §§ 69—75 geregelten Verfahren. In den drei ersten Fällen wird die Einleitung des Aufhebungsverfahrens durch einen Beschluß der Bergbehörde ausgesprochen. Eine Verwaltungsbeschwerde findet gegen diesen Beschluß nicht statt; der Bergwerkseigentümer kann aber binnen drei Monaten vom Tage der Bekanntgabe an gegen die Bergbehörde auf Aufhebung des Einleitungsbeschlusses bei den ordentlichen Gerichten klagen. Hat der Bergwerkseigentümer eine solche Klage nicht erhoben, so wird nach Ablauf der drei Monate, andernfalls nach rechtskräftiger Abweisung der Klage und beim freiwilligen Verzicht nach Eingang der Verzichtserklärung der Beschluß oder die Verzichtserklärung den bekannten dinglich Berechtigten von der Bergbehörde besonders mitgeteilt, außerdem auch noch öffentlich bekannt gemacht. Nach dieser öffentlichen Bekanntmachung können alle dinglich Berechtigten, der Bergwerkseigentümer selbst und die Bergbehörde beim Bezirksgerichte die Zwangsversteigerung des Bergwerkes beantragen. Für die Stellung des Versteigerungsantrages sind bestimmte Fristen gesetzt; der dinglich Berechtigte muß seinen Antrag binnen drei Monaten nach der besonderen Bekanntmachung des Einleitungsbeschlusses, längstens aber binnen sechs Monaten nach der öffentlichen Bekanntmachung einreichen. Macht er innerhalb dieser Frist von seinem Antragsrechte keinen Gebrauch, so hat er bei Aufhebung des Bergwerkseigentums das Erlöschen seines dinglichen Rechtes zu gewärtigen. Der Bergwerkseigentümer und die Bergbehörde können ihren Versteigerungsantrag nur innerhalb eines Monats nach der öffentlichen Bekanntmachung stellen. Bleibt das Zwangsversteigerungsverfahren (s. darüber oben Seite 62) ohne Erfolg oder war ein Antrag auf Zwangsversteigerung gar nicht gestellt, so spricht die Bergbehörde durch einen Beschluß die Aufhebung des Bergwerkseigentums aus.

Dieser Aufhebungsbeschluß ist wieder allen bekannten dinglich Berechtigten und dem Bergwerkseigentümer besonders, außerdem auch noch öffentlich bekannt zu machen. Mit der Rechtskraft dieses, nicht im Rechtswege, sondern nur im Wege der Verwaltungsbeschwerde anfechtbaren Aufhebungsbeschlusses gehen alle Rechte an dem Bergwerke unter, also sowohl das Bergwerkseigentum als auch die sonstigen dinglichen Rechte, mit denen es belastet war. Untergehen kann aber nur der unkörperliche Teil des Bergwerkseigentums und seiner Bestandteilsrechte, also das Mineralgewinnungsrecht und das Recht, bergbauliche Anlagen zu errichten. An den körperlichen Gegenständen des Bergwerkseigentums, den beweglichen und unbeweglichen Bestandteilen des Bergwerkes und seinen Zubehörstücken, z. B. Hüttenwerken, Eisenbahnen, Schachtbauten, bleibt das Eigentum des bisherigen Bergbauberechtigten bestehen und soweit sie Gegenstand dinglicher Belastung waren, bleiben auch diese dinglichen Rechte an ihnen bestehen. Das Eigentumsrecht des bisher Bergbauberechtigten ist allerdings durch die Vorschrift des § 68 beschränkt, daß er die Zimmerung und Mauerung des Grubengebäudes, der unterirdischen Fahr- und Betriebsvorrichtungen und der sonstigen Anlagen nur soweit wegnehmen darf, als der Wegnahme nach Entscheidung der Bergbehörde polizeiliche Gründe nicht entgegenstehen. Soweit die Wegnahme nach dieser Entscheidung nicht gestattet wird, werden diese Anlagen ebenso wie nach preußischem Bergrechte als aufgegeben zu betrachten sein und gehen dann als Bestandteile des Grundstückes in das Eigentum des Grundstückseigentümers über.

Mit dem Untergange des Bergwerkseigentums fällt das Bergbaufeld wieder ins Bergbaufreie. An ihm kann durch Belegung als Schürffeld und Umwandelung von jedem neues Bergwerkseigentum erworben werden. Will der neue Bergwerkseigentümer die nach der Entscheidung der Bergbehörde im Grundstück verbliebenen Vorrichtungen für seinen neuen Betrieb benutzen, so muß er sie vom Grundeigentümer erwerben.

c) Abgeleiteter Erwerb des Bergwerkseigentums.

Das auf bergrechtlichem Wege begründete Bergwerkseigentum ist im deutschen Bergrechte allgemein den unbeweglichen Sachen gleichgestellt. Das Gleiche gilt für das koloniale Bergrecht. Nach § 2 Abs. 2 und 3, § 1 Abs. 1 der Grundstücksverordnung vom 21. November 1902 (RGBl. 283) mit § 19 KonsGG. gelten zwar für das Bergwesen, den Erwerb und die dingliche Belastung des Bergwerkseigentums die Vorschriften des Reichsrechtes und des preußischen Rechtes nicht; der Reichskanzler hat auch von der in § 2 Abs. 3 übertragenen Befugnis, diese Vorschriften für anwendbar auf das Bergwerkseigentum der Schutzgebiete zu erklären, keinen Gebrauch gemacht. Er hat dieses Rechtsgebiet aber auf Grund der §§ 96, 97 durch die Ausführungsverordnung zur Bergverordnung geregelt. In § 1 Abs. 2 der AusfVdg. ist bestimmt, daß der § 50 Abs. 2 und 3 preuß. allg. Bergges. vom 24. Juni 1865 entsprechend anzuwenden sei, soweit sich aus der Bergverordnung selbst nicht ein anderes ergibt. Nach § 50 Abs. 2 und 3 preuß. allg. Bergges. gelten für das Bergwerkseigentum die sich auf Grundstücke beziehenden Vorschriften des BGB. und sind auf das Bergwerkseigentum die für den Erwerb des Eigentums und die Ansprüche aus dem Eigentum an Grundstücken geltenden Vorschriften des BGB. entsprechend anzuwenden, soweit sich aus dem preuß. allg. Berggesetze nicht ein anderes ergibt. Die entsprechende Anwendung des § 50 Abs. 2 und 3 ergibt, daß für das Bergwerkseigentum in den Schutzgebieten die für das Grundeigentum in den Schutzgebieten bestehenden gesetzlichen Vorschriften, also in erster Linie die Grundstücksverordnung entsprechend gelten und in zweiter Linie erst die des BGB. Das BGB. ist also nicht unmittelbar auf Grund des § 50 Abs. 2 und 3 preuß. allg. Bergges., sondern erst mittelbar auf Grund des § 1 Abs. 1 Grundstücksvdg. mit § 19 KonsGG. anzuwenden; die Abweichungen der Grundstücksverordnung vom BGB. gelten daher auch für das Bergwerkseigentum.

Von den Vorschriften des BGB. sind nicht nur die besonderen sachenrechtlichen anzuwenden, wie die allgemeinen Vorschriften über Rechte an Grundstücken der §§ 873 bis 902 BGB., sondern auch die des Rechtes der Schuldverhältnisse und des Familien- und Erbrechtes, die sich auf Grundstücke beziehen, also z. B. § 313 BGB. oder die Vorschriften über den Erwerb von Grundstückseigentum ohne Auflassung und Eintragung durch Anwachsung bei Gütergemeinschaft oder Erbfolge. Die übrigen Vorschriften des Sachenrechtes gelten, soweit eine entsprechende Anwendung auf das Bergwerkseigentum möglich ist, also die §§ 925, 926, 985—1007 BGB. Dagegen sind die Vorschriften der §§ 905—924, 927, 928 BGB. dem Rechte an Grundstücken eigentümlich und können auf das Bergwerkseigentum nicht angewendet werden. Das BGB. gilt aber nur soweit sich aus der Grundstücksverordnung nicht etwas anderes ergibt. Etwas anderes ergibt sich aus der Grundstücksverordnung vor allem daraus, daß in den Schutzgebieten nur für den kleinsten Teil des Grundstücks ein Grundbuch angelegt ist. An die Stelle dieses Grundbuches tritt für das Bergwerkseigentum ein besonderes Berggrundbuch, das nach § 1 Ziff. 5 AusfVdg. in den Schutzgebieten einzurichten ist. Rechte an dem in das Berggrundbuch eingetragenen Bergwerkseigentume werden also durch Einigung oder Auflassung und Eintragung ins Berggrundbuch nach §§ 873, 925 BGB. begründet; wobei aber zur Auflassung die gleichzeitige Anwesenheit beider Vertragsteile nach § 3 Grundstücksvdg. nicht notwendig ist; auch brauchen die Auflassungserklärungen nicht mündlich vor dem Grundbuchamte abgegeben zu werden. Zum Erwerbe von Rechten an nicht eingetragenem Bergwerkseigentum genügt nach § 18 Abs. 2 Grundstücksvdg. die gerichtlich oder notariell beglaubigte Einigung. Eine dem Landregister für nicht eingetragene Grundstücke (s. § 23 Grundstücksvdg.) entsprechende Einrichtung ist für das nicht eingetragene Bergwerkseigentum nicht getroffen, da § 1 Ziff. 5 Ausf.-Vdg. den das Landregister einführenden § 23 AusfVdg. zur Grundstücksvdg. ausdrücklich von der entsprechenden Anwendung ausgenommen hat. Die Veräußerung und dingliche Belastung des Bergwerkseigentums der Eingeborenen durch Rechtsgeschäft oder Zwangsvollstreckung kann in entsprechender Anwendung des § 6 Grundstücksvdg. durch Verordnung des Reichskanzlers oder Gouverneurs an besondere Bedingungen oder an eine obrigkeitliche Genehmigung geknüpft oder ganz untersagt werden. Diesen und ähnlichen Beschränkungen hat die Veräußerung von Eingeborenengrundstücken schon vor der Grundstücksverordnung auf Grund von Gouverneursverordnungen für die einzelnen Schutzgebiete unterlegen. Diese früheren Verordnungen sind nach §§ 5 und 6 Abs. 1 Grundstücksvdg. in Kraft geblieben. Auf Grund der Grundstücksverordnung sind auch neue Gouverneursverordnungen ergangen, wie die des Gouverneurs von Südwestafrika vom 23. Mai 1903 (DKG. Bd. 7 S. 114), nach der zur Veräußerung und dinglichen Belastung von Eingeborenengrundstücken die Genehmigung des Gouverneurs notwendig ist. Das Gleiche bestimmt § 2 der Verordnung des Gouverneurs von Kamerun vom 27. Dezember 1907 für Kamerun. Diese für Eingeborenengrundstücke geltenden Beschränkungen gelten entsprechend für das Bergwerkseigentum der Eingeborenen. In Togo ist für das Bergwerkseigentum der Eingeborenen selbst eine solche einschränkende Verordnung ergangen (s. oben S. 31). Die Eingeborenen sind also nicht bloß beim Erwerb fremden Bergwerkseigentums nach § 2 Abs. 2, sondern auch bei der Veräußerung ihres eigenen Bergwerkseigentums Beschränkungen unterworfen.

d) Dingliche Belastung des Bergwerkseigentums.

Auch für die dingliche Belastung des Bergwerkseigentums gilt die Grundstücksverordnung entsprechend, d. h. das BGB., soweit sich aus der Grundstücksverordnung oder Bergverordnung nicht etwas anderes ergibt. Das Bergwerkseigentum kann daher grundsätzlich mit allen Formen der Dienstbarkeiten, Verpfändungen, Reallasten und sonstigen dinglichen Lasten belastet werden, die das BGB. kennt. Bei dem in das Berggrundbuch eingetragenen Bergwerkseigentümer ist neben der Einigung auch die Eintragung des dinglichen Rechtes in das Berggrundbuch zur Entstehung des Rechtes nach § 873 BGB. notwendig. Die Bergverordnung gibt, wie die meisten deutschen Berggesetze, dem jeweiligen Grundstückseigentümer ein dingliches Vorkaufsrecht bezüglich der Grundstücksteile, die früher zum Grundstücke gehörten und die der Schürfer oder der Bergwerkseigentümer durch Grundabtretung oder Zwangsenteignung zu bergbaulichen Zwecken erworben hat und die Bestandteile des Bergwerks geworden sind. Nach § 1 Ziff. 1 AusfVdg. zur Bergvdg. mit Art. 22 Nr. 1 preuß. AGzBGB. bedarf dieses dingliche Vorkaufsrecht zur Erhaltung seiner Wirksamkeit gegenüber dem öffentlichen Glauben des Berggrundbuches nicht der Eintragung ins Berggrundbuch. Dem Vorkaufsrechte ist also die Eigenschaft einer gesetzlichen Servitut beigelegt, die auch ohne Eintragung wirkt. Die nach dem preußischen Landrechte bestrittene Frage nach dem Umfange des Nießbrauchrechtes am Bergwerkseigentume ist seit der Geltung des BGB. (§§ 99 Abs. 2, 100, 1030, 1068 BGB.) dahin entschieden, daß der Nießbraucher nicht nur einen Anspruch auf die Zinsen aus der Ausbeute, sondern auf die Ausbeute selbst hat.

Bei dem nicht in das Berggrundbuch eingetragenen Bergwerkseigentum ist entsprechend § 22 Grundstücksvdg. nur eine Belastung mit Hypotheken und Grundschulden möglich; die Erteilung eines Hypotheken- oder Grundschuldbriefes ist dabei immer ausgeschlossen. Da das Bergwerkseigentum selbst nicht eingetragen ist, kann natürlich auch die Entstehung der Hypothek oder Grundschuld von der Eintragung ins Berggrundbuch nicht abhängig sein, und da ein dem Landregister für nicht eingetragene Grundstücke entsprechendes Register für nicht eingetragenes Bergwerkseigentum nicht geführt wird, bleiben die Pfandrechte am nicht eingetragenen Bergwerkseigentume ohne jede Eintragung. Sie entstehen also nach § 18 Abs. 2 Grundstücksvdg. allein auf Grund der gerichtlich oder notariell beglaubigten Einigung der Vertragsteile.

Für die Belastung des Bergwerkseigentums Eingeborener gilt das Gleiche wie für seine Veräußerung; sie kann von besonderen Bedingungen oder einer Genehmigung abhängig gemacht oder ganz untersagt werden (s. unten S. 54, 55). Nach § 6 Ziff. 3a Grundstücksvdg. können zugunsten der Eingeborenen und anderen Farbigen andere Formen dinglicher Belastung, als sie dem BGB. bekannt sind, für das Bergwerkseigentum der Eingeborenen zugelassen werden.

e) Konsolidation, Grenzänderung und Teilung des Bergwerkseigentums.

Der Erwerb von Bergwerkseigentum durch Vereinigung mehrerer Bergbaufelder zu einem Ganzen oder durch Abänderung der Grenzen zwischen benachbarten Bergbaufeldern und die Teilung eines Bergbaufeldes in mehrere selbständige Felder stehen in der Mitte zwischen dem bergrechtlichen und bürgerlichrechtlichen Erwerbe von Bergwerkseigentum. Dementsprechend vollzieht sich die Änderung auch durch ein Zusammenfallen bergrechtlicher und bürgerlichrechtlicher Handlungen. Die bürgerlichrechtliche besteht in der notariellen oder gerichtlichen Beurkundung des Vertrages, die bergrechtliche in der Bestätigung des Vertrages durch die Bergbehörde. Mit der Unterzeichnung der Bestätigungsurkunde entsteht das Bergwerkseigentum in dem geänderten Umfange. Die Bestätigung darf nur versagt werden, wenn überwiegende Gründe des öffentlichen Interesses oder Rechte Dritter entgegenstehen. Zu diesen Rechten Dritter gehören auch die aus dinglichen Belastungen des Bergwerkseigentums hervorgehenden Rechte wie Hypotheken- und Grundschuldrecht. Wieweit solche Rechte einer Vereinigung, Teilung oder Grenzänderung entgegenstehen, wird nur nach Lage des einzelnen Falles entschieden werden können. Steht dies Recht eines Dritten im einzelnen Falle tatsächlich einer Änderung des Bergwerkseigentums entgegen, so darf die Bestätigung nur mit Zustimmung des betroffenen Berechtigten erteilt werden.

f) Das Berggrundbuch.

Aus der Geltung des materiellen Grundstücksrechtes des BGB. für das Bergwerkseigentum ergab sich von selbst die Notwendigkeit, auch das formelle Grundstücksrecht der GBO. auf das Bergwerkseigentum anzuwenden. Die Voraussetzung für die Anwendung des formellen Grundstücksrechtes ist die Anlegung eines Grundbuches für das Bergwerkseigentum. Die Anlegung eines solchen Grundbuches ist angeordnet und geregelt 1. in § 1 Ziff. 2 AusfVdg. zur Bergvdg. mit § 50 Abs. 2 und 3 des preuß. allg. Berggeſ. und der Grundstücksvdg. vom 21. November 1902; 2. in § 1 Ziff. 4 AusfVdg. zur Bergvdg. mit Art. 22—26 und 28 preuß. AGzGBO.; 3. in § 1 Ziff. 5 AusfVdg. zur Bergvdg. mit der AusfVdg. zur Grundstücksvdg. vom 30. November 1902 (DKBl. 568).

1. Wieweit Grundstücksverordnung und BGB. gelten, ist schon in den beiden Abschnitten c und d gesagt worden. Hier sei nur noch besonders hervorgehoben, daß für die Entstehung des Bergwerkseigentumsrechtes des ursprünglich Berechtigten die Eintragung in das Berggrundbuch natürlich keine Voraussetzung bildet. Das Recht des ursprünglich Berechtigten ist mit der Unterschrift der Bergbehörde unter der Umwandelungsurkunde begründet (§ 49). Erst

wenn das Bergwerkseigentum nachher auf Antrag des Berechtigten oder von Amts wegen in das Berggrundbuch eingetragen worden ist, bildet für das Entstehen eines abgeleiteten Eigentumsrechtes die Eintragung der Rechtsänderung in das Berggrundbuch eine Voraussetzung; während die Rechtsänderung an nicht eingetragenem Bergwerkseigentum sich auch bei abgeleitetem Erwerbe außerhalb des Berggrundbuches vollzieht. Das Gleiche gilt für das durch Vereinigung, Grenzänderung oder Teilung von Bergbaufeldern entstehende Bergwerkseigentum. Ebenso bedürfen auch die Nebenrechte des Bergwerkseigentums, die rechtlich seine Bestandteile sind, zu ihrer Entstehung nicht der Eintragung ins Berggrundbuch. Für diese Nebenrechte gilt aber nach § 1 Ziff. 1 AusfVdg. zur Bergvdg. mit Art. 22 Nr. 2 preuß. AGzBGB. weiter noch die Besonderheit, daß sie auch im Rechtsverkehr zur Erhaltung ihrer Wirksamkeit gegenüber dem öffentlichen Glauben des Grundbuches nicht der Eintragung ins Grundbuch bedürfen. Die Nutzungsrechte des Bergbautreibenden am fremden Grund und Boden, die ihm in dem Verfahren der §§ 18 oder 82 durch Entscheidung der Bergbehörde zugesprochen werden können, folgen daher dem rechtlichen Schicksale des Bergwerkseigentums bei Veräußerung oder Belastung, auch wenn sie nicht in das Berggrundbuch eingetragen sind. Für den Hilfsbau gilt nach § 1 Ziff. 2 AusfVdg. zur Bergvdg. § 60 Abs. 3 preuß. allg. Berggesetz, wonach der Hilfsbau zur Wirksamkeit gegenüber dem öffentlichen Glauben des Grundbuches der Eintragung dann nicht bedarf, wenn der Hilfsbauberechtigte den Besitz am Hilfsbau erlangt hat.

2. Nach Art. 22 preuß. AGzGBO. sind die sich auf Grundstücke beziehenden Vorschriften der GBO. und des preuß. AGzGBO. selbst auf das Bergwerkseigentum entsprechend anzuwenden, soweit sich aus den bergrechtlichen Vorschriften selbst nicht ein anderes ergibt. Art. 23 legt der Bergbehörde zur Evidenthaltung des Berggrundbuches die Pflicht auf, beim Erwerb von Bergwerkseigentum durch Umwandelung eines Schürffeldes in ein Bergbaufeld, bei Vereinigung oder Teilung von Bergbaufeldern und bei Grenzänderungen das Grundbuchamt um Bewirkung der erforderlichen Eintragungen zu ersuchen, ebenso nach Art. 24 bei

Abänderung der Urkunde über die Begründung des Bergwerkseigentums und nach Art. 25 bei Aufhebung des Bergwerkseigentums. Für die Führung des Berggrundbuches in den Schutzgebieten ist hier noch die besondere Anordnung getroffen, daß nicht erst der Aufhebungsbeschluß, sondern schon der Beschluß auf Einleitung des Aufhebungsverfahrens in das Berggrundbuch einzutragen ist (vgl. § 69). Wird das Bergwerkseigentum im Aufhebungsverfahren versteigert, so ist der Vermerk über die Einleitung des Verfahrens wieder zu löschen. Wird das Bergwerkseigentum aber aufgehoben, so ist das betreffende Grundbuchblatt zu schließen. Die eingetragenen Belastungen sind von Amts wegen zu löschen und die Grundstücke, die dem Bergwerke als Bestandteile zugeschrieben waren, sind mit ihren Belastungen in das Grundbuch für Grundstücke zu übertragen. Werden von den Eintragungen gemäß Art. 23—25 Hypotheken, Grund- oder Rentenschulden betroffen, so kann nach Art. 26 die erforderliche Eintragung auch gemacht werden, wenn der Hypotheken-, Grund- oder Rentenschuldbrief nicht vorgelegt wird. Das Grundbuchamt soll aber den Besitzer des Briefes zwecks entsprechender Berichtigung oder Vernichtung des Briefes zur Vorlegung des Briefes anhalten. Nach Art. 28 sind die in Art. 20 und 22 Abs. 2 GBO. enthaltenen Bestimmungen über das Erbbaurecht entsprechend auf das Bergwerkseigentum anzuwenden. Danach kann bei der Übertragung von Bergwerkseigentum die Eintragung ins Berggrundbuch nur erfolgen, wenn die erforderliche Einigung des Berechtigten und des anderen Teiles erklärt ist. Die Berichtigung des Berggrundbuches durch Eintragung eines Berechtigten darf nur mit Zustimmung dieses Berechtigten geschehen, es sei denn, daß die Berichtigung von einem Vollstreckungsgläubiger gemäß § 14 GBO. beantragt wird.

3. Die Ausführungsverordnung vom 30. November 1902 zur Grundstücksverordnung vom 21. November 1902 ist mit der Maßgabe auf das Bergwerkseigentum anzuwenden, daß ein besonderes Berggrundbuch einzurichten ist. Die Abtrennung eines eigenen Berggrundbuches vom Grundbuch ist zum Teil im Interesse möglichster Übersichtlichkeit und Einheitlichkeit der neu anzulegenden Bücher geschehen, ebenso wie z. B. auch in Preußen (§ 22 Minist.-

Verfg. vom 20. November 1899 JustMinBl. 1899 S. 349). Der Hauptgrund mag aber die Erwartung gewesen sein, daß für das Bergwerkseigentum allein das Grundbuchsystem in kürzerer Zeit im ganzen Bereiche der Schutzgebiete werde durchgeführt werden können, als wenn es mit dem Grundbuche für Grundstücke verbunden würde. Die Anlegung des Grundbuches für die Grundstücke kann in den Schutzgebieten nur sehr langsam erfolgen, weil die wenigsten Grundstücke in den Schutzgebieten vermessen sind. Das Bergwerkseigentum kann nach § 41 aber erst nach Vermessung und Vermarkung des Bergbaufeldes begründet werden. Da ferner das auf Grund der Bergverordnung neu entstehende Bergwerkseigentum durch Vermittelung der Bergbehörde von Amts wegen einzutragen ist und der Behörde auch zur Eintragung des vorher schon entstandenen, nicht eingetragenen Bergwerkseigentums Zwangsbefugnisse gegeben sind, wird die Eintragung des Bergwerkseigentums in das Berggrundbuch der Schutzgebiete jetzt schon die Regel bilden, während bei den Grundstücken wohl noch das Umgekehrte der Fall sein wird. Daraus erklärt es sich auch, warum von der Einrichtung eines, dem Landregister für nicht eingetragene Grundstücke entsprechenden Registers für Bergwerkseigentum abgesehen werden konnte. Die Ausführungsverordnung zur Grundstücksverordnung gibt — meist im Anschluß an die Bestimmungen der Grundbuchordnung — Vorschriften über die formelle Einrichtung und Führung der Grundbücher, über die Organisation, Zuständigkeit und den Geschäftsgang der Grundbuchämter, über die Erteilung und Berichtigung der Hypothekenbriefe usw. Nach § 1 gehört die Bearbeitung der Grundbuchsachen zur Zuständigkeit der Bezirksrichter, die besondere Beamte damit beauftragen können. Der Gouverneur hat zu bestimmen, für welche Bezirke und zu welchem Zeitpunkte das Grundbuch anzulegen ist. Die bei Erlaß der Grundstücksverordnung bezw. der Ausführungsverordnung zur Bergverordnung bestehenden Grundbücher gelten als Grundbücher im Sinne der Grundstücksverordnung, also z. B. die auf Grund der Verordnung vom 7. Juli 1888 (DKG. Bd. 1 S. 199) in Kamerun und Togo eingerichteten Grundbücher. Die Gouverneure der einzelnen Schutzgebiete haben auf Grund der ihnen in § 3 Abs. 2 AusfVdg. zur

Grundstücksvdg. erteilten Befugnis besondere Verfügungen über die Einrichtung und Führung der Berggrundbücher erlassen. Für Ostafrika ist ergangen die Verfügung vom 27. Juli 1906 (DKBl. 626); für Kamerun die vom 22. August 1907 (DKBl. 458); für Südwestafrika die vom 30. Mai 1910 (DKBl. 650). Diese im wesentlichen gleichlautenden Verfügungen bestimmen, daß das Berggrundbuch bei den einzelnen Bezirksgerichten in sinngemäßer Anwendung der Vorschriften der Ausführungsverordnung zur Grundstücksverordnung für den Umfang der Gerichtsbezirke einzurichten sei. Der Titel des Berggrundbuchblattes enthält in der Hauptspalte eine Beschreibung des Bergwerkes, die den wesentlichen Inhalt der das Bergwerkseigentum begründenden Urkunde wiedergibt; bei Erwerb des Bergwerkseigentums durch Vereinigung, Grenzänderung oder Teilung ist der wesentliche Inhalt der Begründungsurkunden und der die Vereinigung, Grenzänderung oder Teilung bestätigenden Urkunden einzutragen. Die an das Berggrundbuchamt zu richtenden amtlichen Ersuchen um Eintragungen in das Berggrundbuch nach Art. 23—25 preuß. AGzGBO. haben durch die Bergbehörde zu erfolgen.

Die Grundstücksverordnung enthält in §§ 7 ff. besondere Vorschriften über die Anlegung neuer Grundbuchblätter. Danach dürfen neue Grundbuchblätter für Grundstücke nur angelegt werden, wenn vorher eine geometrische Vermessung und ein öffentliches Aufgebot zur Ausschließung entgegenstehender Rechte stattgefunden hat. Beim Bergwerkseigentume hat die geometrische Vermessung ohnehin schon stattgefunden und ein öffentliches Aufgebot ist bei dem auf Grund der Bergverordnung erworbenen Bergwerkseigentümer gleichfalls schon erfolgt. Bei der Anlegung neuer Blätter für Bergwerkseigentum, das im Anschluß an seine Begründung auf Ersuchen der Bergbehörde von Amts wegen eingetragen werden soll, dürfte daher das Erfordernis eines vorherigen Aufgebotes wegfallen. Dagegen wird ein solches Aufgebot notwendig sein bei der Eintragung von Bergwerkseigentum, das schon früher entstanden ist und erst auf Antrag des Bergwerkseigentümers oder eines Vollstreckungsgläubigers eingetragen werden soll.

g) Die Zwangsversteigerung des Bergwerkseigentums.

Als Gegenstand des Rechtsverkehrs unterliegt das Bergwerkseigentum auch der Zwangsvollstreckung und zwar gelten für die Zwangsvollstreckung des Bergwerkseigentums in den Schutzgebieten nach § 1 Ziff. 3 AusfVdg. z. Bergvdg. die in Preußen für die Zwangsvollstreckung in das Bergwerkseigentum geltenden Vorschriften. In Preußen gelten für die Zwangsvollstreckung in das Bergwerkseigentum nach § 50 Abs. 2 und 3 preuß. allg. Berggeſ. die für die Zwangsvollstreckung in Grundstücke geltenden gesetzlichen Vorschriften, soweit für das Bergwerkseigentum nicht etwas anderes bestimmt ist. Welches Gesetz bei der Zwangsvollstreckung in Grundstücke anzuwenden ist, hängt in Preußen nach § 1 EGzZVG. und Art. 48 preuß. AGzZVG. davon ab, ob das betreffende Grundstück eingetragen ist. Ist das Grundstück eingetragen, so gilt das Zwangsversteigerungsgesetz; ist es nicht eingetragen, so gilt das preuß. Gesetz betr. die Zwangsvollstreckung in das unbewegliche Vermögen vom 18. Juni 1883 (preuß. GesSlg. S. 131). Entsprechendes gilt für das eingetragene und nicht eingetragene Bergwerkseigentum in Preußen und in den Schutzgebieten mit der Maßgabe, daß für das eingetragene Bergwerkseigentum außerdem noch die auf Grund der Art. 67, 218 EGzBGB. und § 2 EGzZVG. erlassenen Art. 15—27 preuß. AGzZVG. und Art. 76 preuß. Ges. über die freiw. Gerichtsbarkeit vom 21. September 1859 (preuß. GesSlg. 249), für das nicht eingetragene Bergwerkseigentum die Sonderbestimmungen der §§ 157—161 des preuß. Ges. vom 18. Juni 1883 gelten. Zu dem gleichen Ergebnis kommt auch die Verordnung des Gouverneurs von Südwestafrika zur Grundstücksverordnung vom 23. Mai 1903 (DKG. Bd. 7 S. 114). Die Art. 15—27 preuß. AGzZVG. und die §§ 157—161 des preuß. Ges. vom 18. Juni 1883 decken sich inhaltlich und enthalten die neben den allgemeinen Bestimmungen der Zwangsversteigerungsgesetze für das Bergwerkseigentum geltenden besonderen Bestimmungen. Die wichtigsten davon sind die, daß die Ansprüche der Arbeiter und Betriebsbeamten auf rückständige und laufende Lohnzahlungen wegen der laufenden und 1 Jahr rückständigen Beträge ein Vorrecht auf Befriedigung in der 2. Klasse haben und daß die Beschlagnahme im Zwangsvollstreckungsverfahren die bereits gewonnenen Mineralien nicht mitumfaßt. Die Vorschriften der §§ 172 bis 184 ZVG. über die Zwangsversteigerung und -verwaltung in besonderen Fällen gelten auch für das Bergwerkseigentum. Die übrigen Paragraphen enthalten nur Formvorschriften. Nach § 76 des preuß. Ges. über die freiw. Gerichtsbarkeit gelten diese Formvorschriften der Art. 18 und 20 preuß. AGzZVG. auch für das Verfahren der freiwilligen gerichtlichen Versteigerung des Bergwerkseigentums.

Diese Vorschriften über die Zwangsversteigerung des Bergwerkseigentums gelten nicht nur bei der Zwangsvollstreckung auf Grund eines vollstreckbaren Titels, sondern auch für die Zwangsversteigerung in dem Verfahren auf Aufhebung des Bergwerkseigentums nach §§ 72 ff., wenn auf Antrag eines dinglich Berechtigten, des Bergwerkseigentümers oder der Bergbehörde die Zwangsversteigerung angeordnet wird.

h) Die Zwangsenteignung des Bergwerkseigentums.

Die Bergverordnung enthält nicht wie das preuß. allg. Berggesetz besondere Bestimmungen über das Rechtsverhältnis des Bergwerkseigentums zu öffentlichen Verkehrsanstalten, wenn sie in demselben Gebiete widerstreitend zusammentreffen. Nach der Verordnung über die Enteignung von Grundeigentum in den Schutzgebieten Afrikas und der Südsee vom 14. Februar 1903 (RGBl. 27) kann das Bergwerkseigentum aber aus Gründen des öffentlichen Wohles für Unternehmen, deren Ausführung die Ausübung des Enteignungsrechtes erfordert, gegen Geldentschädigung entzogen oder beschränkt werden. Nach § 19 der Enteignungsvdg. erwirbt der Unternehmer das Recht, das ihm durch den Beschluß der das Enteignungsverfahren leitenden Behörde zugesprochen worden ist. Das Bergwerkseigentum geht also mit der Enteignung nicht unter, sondern auf den Enteigner über. Trotz seines Weiterbestandes wird das enteignete Bergwerkseigentum mit der Zustellung des Enteignungsbeschlusses frei von allen Rechten, die an ihm bestehen.

4. Der Bergwerksbetrieb.

Über den Bergwerksbetrieb enthält die Bergverordnung nur wenig Bestimmungen. Soweit die Regelung des Bergwerksbetriebes Aufgabe der Polizei ist, ist die Anordnung der erforderlichen Bestimmungen den Bergbehörden überlassen. Durch das Wegfallen einer Organisation und einer Vertretung der Arbeiterschaft sind Bestimmungen über das Knappschaftswesen nicht notwendig gewesen. Im übrigen hat sich bisher das Bedürfnis nach einer eingehenden, allgemeinen Regelung des Bergwerksbetriebes noch nicht geltend gemacht, da ein geregelter Bergwerksbetrieb erst bei wenig bergbaulichen Unternehmungen und erst in jüngster Zeit aufgekommen ist. Die wenigen Bestimmungen der Bergverordnung betreffen den Betriebszwang, die Anzeige des Bergwerksbetriebes, die Buchführung und die Beaufsichtigung und Leitung des Betriebes.

Ein regelmäßiger Bergbaubetrieb ist nur in einem Bergbaufelde, also nach Erwerb von Bergwerkseigentum gestattet. Das Gewinnen von Mineralien im Bergbaufreien ist durch § 90 Ziff. 3 und 4 unter Strafe gestellt. Der regelmäßige Bergwerksbetrieb in einem Schürffelde gibt der Bergbehörde die Befugnis, das Schürffeld gegen den Willen des am Schürffelde Berechtigten in ein Bergbaufeld umzuwandeln oder das Aufhören der Schließung auszusprechen (§ 38).

Die wichtigste von den Vorschriften über den Betrieb ist die des § 57, die den Betriebszwang einführt. Die wirtschaftspolitische ratio dieser Vorschrift ist die, zu verhindern, daß die Bodenschätze, die einen bestimmten Teil des Volkswirtschafts- und Nationalvermögens darstellen, zu einem für die Allgemeinheit wertlosen Besitze werden. Diese Gefahr lag besonders bei den Bestimmungen des kolonialen Bergrechtes nahe, da die Vereinigung des Grundsatzes der Bergbaufreiheit, der Bestimmung, daß ein Schürfer beliebig viele Felder belegen kann, und des Anspruches auf Erwerb von Bergwerkseigentum auch ohne den Nachweis eines Fundes die Belegung und Sperrung größerer Gebiete nur zu spekulativen Zwecken besonders erleichtert. Zur Verhütung der aus dieser Möglichkeit entstehenden volkswirtschaftlichen Schäden hat die Bergverordnung zwar auch noch andere Bestimmungen getroffen; so, daß nach zweijähriger Schließung eines Schürffeldes die Schließung von der Bergbehörde aufgehoben werden kann, daß von den Schürf- und Bergbaufeldern Abgaben zu bezahlen sind, daß der Reichskanzler nach § 96 Abs. 2 Ziff. 2 die Zahl der Schürffelder für einen einzigen Schürfer beschränken kann; die volkswirtschaftlich nützlichste Maßnahme ist aber die Einführung eines Betriebszwanges im Anschluß an das britisch-afrikanische Bergrecht, das schon für den Schürfer einen Betriebszwang eingeführt hat (s. oben S. 45). Nach § 57 ist der Bergwerkseigentümer verpflichtet, innerhalb zweier Jahre nach Begründung des Bergwerkseigentums einen ordnungsmäßigen Bergwerksbetrieb zu eröffnen und ununterbrochen fortzusetzen, der der Beschaffenheit des Mineralvorkommens entspricht. Ob ein Betrieb diesen Anforderungen genügt, entscheidet die Bergbehörde unter Ausschluß des Rechtsweges. Für die Betriebspflicht kann durch die Gouverneure für einzelne Teile des Schutzgebietes ein bestimmter Maßstab in der Weise festgesetzt werden, daß durch die jährliche Ausgabe einer bestimmten Geldsumme und die Beschäftigung einer bestimmten Zahl von Arbeitern zur Ausführung bergmännischer Arbeiten die Erfüllung der Betriebspflicht nachgewiesen werden kann. Die zweijährige Frist kann vom Gouverneur allgemein oder für einzelne Fälle auf 1 Jahr herabgesetzt werden. Kommt der Bergwerkseigentümer seiner Betriebspflicht nicht oder nicht genügend nach, so kann die Bergbehörde durch Beschluß das Verfahren auf Aufhebung des Bergwerkseigentums einleiten. Daß die Betriebspflicht wegfällt oder erleichtert wird, wenn der Bergwerkseigentümer an ihrer Erfüllung durch Umstände gehindert wird, die er nicht zu vertreten hat, z. B. Kriege, Elementarereignisse, ist eigentlich selbstverständlich und hätte einer besonderen Hervorhebung nicht bedurft. In diesem Falle kann dem Bergwerkseigentümer eine Nachfrist zur Erfüllung seiner Betriebspflicht gesetzt werden.

Die Eröffnung und jede wesentliche Änderung des Bergwerksbetriebes, sowie die Ausdehnung der Förderung auf ein bisher nicht gefördertes Mineral sind vorher der Bergbehörde mitzuteilen; von der Aufstellung und Genehmigung eines Betriebsplanes vor der Eröffnung des Bergwerksbetriebes, wie sie das preuß. allg. Berggesetz vorschreibt, hat die Bergverordnung aber abgesehen. Die

Einstellung des Betriebes muß wenigstens binnen 4 Wochen nach der Einstellung angezeigt werden (§ 58). Über die Förderung, ihren Wert, die Belegschaft und die gezahlten Löhne hat der Bergwerkseigentümer Buch zu führen und den Behörden auf Verlangen die Bücher jederzeit zur Einsicht vorzulegen. Der Gouverneur kann bestimmen, daß der Bergwerkseigentümer den Behörden aus seinen Büchern bestimmte, wiederkehrende Auszüge einzusenden hat (§ 59). Auf Grund dieser Ermächtigung ist für Deutsch-Ostafrika die Verordnung vom 27. Juli 1906 (DKBl. 627) ergangen, nach der die Bergwerkseigentümer zur Vorlage von eingehenden Nachweisungen aus ihren Büchern verpflichtet sind. Diese Vorschriften über die Anzeigen und die Buchführung dienen der sicherheits- und der steuerpolizeilichen Beaufsichtigung des Bergwerksbetriebes und finden sich auch im preuß. allg. Berggesetz.

Der Bergwerkseigentümer muß, wenn er den Bergwerksbetrieb nicht selbst leitet oder beaufsichtigt, einen verantwortlichen Vertreter zur Leitung und Beaufsichtigung als Betriebsführer bestellen und der Bergbehörde benennen. Diese Bestellungspflicht besteht nach § 60 unbeschadet der Vertretungsvorschriften des § 3 (s. unten S. 29). Damit ist jedoch nicht gesagt, daß der für den geschäftlichen Verkehr mit den Behörden nach § 3 bestellte Vertreter nicht zugleich als Betriebsführer nach § 60 bestellt werden könnte. Werden diese Vorschriften nicht eingehalten, so kann die Bergbehörde den weiteren Bergwerksbetrieb untersagen und durch Beschluß das Verfahren auf Aufhebung des Bergwerkseigentums einleiten. Der Bergwerkseigentümer macht sich außerdem durch den Verstoß gegen diese Vorschriften nach § 90 Ziff. 2 strafbar. Die mit der Untersuchung der Erze, der Buchführung oder der Fertigung der vorgeschriebenen Nachweisungen beauftragten Angestellten können auf Anordnung des Gouverneurs an Eides Statt verpflichtet werden, ihre Pflicht gewissenhaft zu erfüllen.

5. Das Rechtsverhältnis zwischen Bergbautreibenden und Grundeigentümern und den Bergbautreibenden untereinander.

a) Rechtsverhältnis zwischen Bergbautreibenden und Grundeigentümern.

Das Schürfrecht und das Bergwerkseigentum geben dem Berechtigten nicht nur das Recht, die auf fremdem Grund und Boden lagernden Mineralien aufzusuchen und zu gewinnen, sondern auch das Recht, die fremden Grundstücke selbst zu benutzen. Die Trennung der Mineralien vom Eigentume des Grundeigentümers und die Einführung der Bergbaufreiheit haben dieses Benutzungsrecht mit Notwendigkeit zur Folge; ohne dieses Recht wäre ein Bergwerksbetrieb gar nicht möglich. Aus dem Zusammentreffen des Bergwerkseigentums mit dem Grundeigentume in demselben räumlichen Bereiche ergibt sich aber ein Widerstreit der beiden Rechte, dessen Beilegung Gegenstand der bergrechtlichen Regelung ist. Auch die Bergverordnung regelt die aus diesem Zusammentreffen sich ergebenden Rechtsverhältnisse sehr eingehend. Sie hat dabei die einschlägigen Bestimmungen des preuß. allg. Berggesetzes übernommen, ist aber in der Zuteilung von Rechten an Schürfer und Bergwerkseigentümer über das preuß. allg. Berggesetz im Anschluß an das britisch-afrikanische Bergrecht noch hinausgegangen.

Das Benutzungsrecht ist auf Seite der Berechtigten nur durch die Notwendigkeit der Benutzung zu bestimmten Zwecken des Schürf- und Bergwerksbetriebes begrenzt. Der Benutzungsanspruch wird also nicht nach dem Gutdünken des Berechtigten bestimmt; sondern nur, soweit die Benutzung des fremden Grundes zu bestimmten Zwecken n o t w e n d i g ist, ist ein Benutzungsanspruch gegeben. Diese Zwecke zählt die Bergverordnung für das Benutzungsrecht des Schürfers in § 12 im einzelnen auf, während sie für den Bergwerksbetrieb in § 76 allgemein dahin bestimmt sind, daß ein Benutzungsrecht gegeben ist, soweit „für den Betrieb des Bergbaus einschließlich der dazugehörigen Anlagen" die Benutzung fremden Grund und Bodens notwendig ist. (Das preuß. allg. Berggesetz hat gerade umgekehrt für das Benutzungsrecht des Schürfers die einzelnen Zwecke nicht aufgeführt, wohl aber für das des Bergbautreibenden.)

Danach ist dem Schürfer ein Benutzungsrecht zur Anlage von Baulichkeiten, Wegen, Halden-, Ablage- und Niederlageplätzen und zu Weidezwecken gegeben; dem Bergbautreibenden ein Benutzungsrecht nicht nur zu den Anlagen des Mineralgewinnungsbetriebes selbst, sondern auch für alle Aufbereitungs-, Verhüttungs- und Beförderungsanlagen, Hilfsbaue und Wasserbenutzungsanlagen, soweit sie Bestandteile des Bergwerkes sind.

Auf Seiten des zur Gestattung der Benutzung Verpflichteten ist der Umfang der Benutzung nur durch die Vorschrift des § 12 Abs. 2, § 76 Abs. 2 beschränkt, daß der Schürfer und der Bergbautreibende die Benutzung des mit Wohn- und Wirtschaftsgebäuden bebauten Grund und Bodens und der damit in Verbindung stehenden Gartenanlagen und eingefriedigten Hofräume nicht verlangen können. Das Benutzungsrecht des Schürfers ist außerdem noch durch die Vorschrift des § 12 Abs. 1 beschränkt, daß die Benutzung der Weide, des Wassers und Holzes auf fremdem Grunde nur soweit verlangt werden kann, als die Überlassung ohne wesentliche Schädigung des Wirtschaftsbetriebes des Grundeigentümers geschehen kann. Auf allen anderen Grundstücken ist die zum Schürf- und Bergwerksbetrieb notwendige Benutzung unbegrenzt; sie hat weder in dem Wirtschaftsbetriebe des Grundeigentümers, noch in der Unversehrtheit des Bodens noch in seinem Besitz- oder Eigentumsrechte eine Grenze. Das Benutzungsrecht geht soweit als das Bedürfnis es erfordert, es kann unter Umständen also zur völligen Ausschließung des Eigentümers von der Benutzung und Verfügung über sein Eigentum führen. Eine so weitgehende Beschränkung fremden Eigentumsrechtes kann natürlich nicht geschehen, ohne daß dem in seinem Eigentumsrechte Beschränkten eine Entschädigung gewährt wird. Die Form dieser Entschädigung ist in den einzelnen Bergrechtssystemen verschieden bestimmt worden. Sie ist dem Grundeigentümer entweder in Form einer Beteiligung am Bergwerksbetriebe oder am Gewinne, oder am Bergwerkseigentume in Form von Grundkuxen, oder an den dem Staate zu zahlenden Abgaben, oder durch Gewährung einer Entschädigung in Geld gegeben worden. Die Bergverordnung gibt ihm im Anschluß an das preuß. allg. Berggesetz einen Anspruch auf Geldentschädigung für den wirklich entstandenen Schaden. Die Bergverordnung für Südwestafrika enthält hier noch die weitere Vorschrift — die einzige wichtigere Abweichung der beiden Bergverordnungen —, daß der Eigentümer eines vermessenen und in landwirtschaftliche Benutzung genommenen Grundstückes verlangen kann, an der dem Landesfiskus zu zahlenden Förderungsabgabe mit ein Viertel beteiligt zu werden. Das britisch-afrikanische Bergrecht gibt dem Grundeigentümer außer einer solchen Beteiligung an den Abgaben auch noch das Recht auf Verleihung von owner's claims, von Grundbergbaufeldern, ähnlich wie sie die älteren Verordnungen für Deutsch-Südwest- und Ostafrika gekannt haben (Art. 32 und 43 the East Afr.-Min.-Reg.). Die Entschädigung des geltenden kolonialen Bergrechtes besteht 1. in dem Ersatze des durch die entzogene oder verminderte Nutzung entstandenen Schadens und 2. in dem Ersatze des Schadens, der durch eine Wertverminderung des Grundstückes entstanden ist. Für die entzogene oder verminderte Nutzung haben Schürfer und Bergwerkseigentümer die zur Nutzung des Grundstücks Berechtigten, also den Grundstückseigentümer oder -pächter oder Nießbraucher im voraus vollständig zu entschädigen und zwar der Schürfer monatlich voraus, der Bergwerkseigentümer jährlich (§§ 12, 77). Dagegen ist der durch Wertverminderung des Grundstücks oder einer darauf ruhenden Dienstbarkeit entstehende Schaden erst bei Beendigung der Nutzung zu ersetzen. Der Grundstückseigentümer und der Dienstbarkeitsberechtigte können aber schon bei Überlassung der Benutzung die Bestellung einer angemessenen Sicherheit verlangen. Ist die Benutzung eines Grundstückes nicht mehr notwendig, so muß es zurückgegeben werden. Ist der Wert des Grundstückes durch die bergbauliche Benutzung, z. B. durch Tagebau aber so sehr vermindert, daß das Grundstück nicht mehr zweckmäßig benutzt werden könnte, so braucht der Grundstückseigentümer das Grundstück vom Bergwerkseigentümer nicht mehr zurücknehmen; er kann vielmehr verlangen, daß der Bergbautreibende das Eigentum des Grundstückes und seines Zubehörs erwirbt. Dieses Recht steht ihm aber nur gegenüber dem Bergbautreibenden, nicht gegenüber dem Schürfer zu. Wenn die Benutzung nach Ablauf von drei Jahren noch fortdauert oder wenn von vorneherein feststeht, daß sie länger als drei Jahre dauern wird, kann der

Grundstückseigentümer verlangen, daß der Schürfer oder Bergbautreibende das Grundstück und sein Zubehör erwirbt (§§ 15, 79). Wird nur ein Teil des Grundstücks benutzt, so kann der Grundstückseigentümer den Erwerb des ganzen Grundstückes nur dann verlangen, wenn der übrige Teil nicht mehr zweckmäßig benutzt werden könnte (§§ 16, 80). Der Schürfer und Bergbautreibende hat also keinen Anspruch auf Überlassung des Grundstückseigentums, sondern nur eine Übernahmepflicht auf Verlangen des Eigentümers.

Hat ein Schürfer oder Bergbautreibender freiwillig oder auf Grund der Übernahmepflicht der §§ 15 und 79 einen Grundstücksteil erworben, so steht dem jeweiligen Eigentümer des durch die Veräußerung verkleinerten Grundstückes ein dingliches Vorkaufsrecht an diesem Grundstücksteil zu, sobald der Grundstücksteil zu den Schürf- oder Bergbauzwecken entbehrlich wird. Dieses Vorkaufsrecht wirkt dinglich auch ohne Eintragung ins Grundbuch (s. unten S. 55).

Das Benutzungsrecht am fremden Grund und Boden steht dem Schürfer und Bergbautreibenden kraft Gesetzes zu. Damit ist aber nicht gesagt, daß der Berechtigte nun ohne weiteres sein Recht ausüben und in den Rechtsbereich des Grundstückseigentümers eingreifen dürfe. Das Vorliegen und der Umfang des Benutzungsrechtes muß vielmehr im einzelnen Falle festgestellt werden; der Berechtigte muß sich einen besonderen Rechtstitel zur Ausübung seines Rechtes verschaffen. Diesen kann er erhalten im Wege gütlicher Einigung mit dem Grundstückseigentümer durch Vertragsabschluß oder wenn eine solche Einigung nicht zustande kommt, durch ein besonderes Beschlußverfahren der Bergbehörde. Daß der Schürfer oder Bergbautreibende sich vor der Benutzung fremden Grund und Bodens mit dem Grundstückseigentümer ins Benehmen zu setzen hat, ist in der Bergverordnung zwar nicht besonders ausgesprochen. Aus der Bestimmung der §§ 18 und 82, daß die Bergbehörde zu entscheiden hat, wenn sich Schürfer oder Bergbautreibender und der Grundstückseigentümer nicht einigen können, geht aber hervor, daß die Bergverordnung vorherige Verhandlungen der Parteien voraussetzt. Außerdem bestimmt auch § 12 Abs. 1 noch ausdrücklich, daß wegen der Überlassung der Benutzung der Schürfer sich in Ansehung eines *bewirtschafteten* Grundstückes mit dem Nutzungsberechtigten zum Zwecke einer Vereinbarung in Verbindung zu setzen hat. Daß diese Notwendigkeit für bewirtschaftete Grundstücke besonders hervorgehoben ist, mag seinen Grund darin haben, daß bei bewirtschafteten Grundstücken ein besonders großes Interesse für den Nutzungsberechtigten besteht, vorher über die bevorstehenden bergmännischen Arbeiten unterrichtet zu werden. E contrario daraus schließen zu wollen, daß auf unbewirtschafteten Grundstücken ohne weiteres Schürfanlagen, z. B. Haldenplätze angelegt oder bergbauliche Anlagen, z. B. Hüttenwerke, errichtet werden dürften, ohne vorher mit dem Grundstückseigentümer verhandelt zu haben, wäre verfehlt. Die Strafbestimmung des § 90 Ziff. 1, daß strafbar ist, wer zu Schürfarbeiten ein fremdes Grundstück unbefugt benutzt, läßt auch erkennen, daß eine besondere privatrechtliche oder behördliche Befugnis zur Benutzung fremden Grundes vorausgesetzt wird. Kommt eine Einigung nicht zustande, so tritt zum Ausgleich der entgegengesetzten Interessen ein behördliches Verfahren ein. Besondere Vorschriften über den Gang dieses Verfahrens und die Zuständigkeit besonderer Behörden gibt die Bergverordnung nicht. Die Entscheidung ist vielmehr der Bergbehörde zugewiesen. Sie hat nach Anhörung der beiden Teile zu entscheiden, ob ein Benutzungsrecht überhaupt vorliegt; ob, in welchem Umfange und unter welchen Bedingungen die Schürfarbeiten unternommen werden dürfen oder die Benutzung zum Bergwerksbetriebe stattzufinden hat, und der Schürfer oder Bergbautreibende zur Entschädigung oder zum Erwerbe von Grundeigentum verpflichtet sind. Die Bergbehörde hat aber nicht nur über das Vorhandensein und die Voraussetzungen des Benutzungsrechtes und Entschädigungsanspruches zu entscheiden, sondern nach § 18 Abs. 2 auch die Höhe der Entschädigung und Sicherheit festzusetzen, wenn die Beteiligten sich darüber nicht einigen können. Diese letzte Bestimmung ist zwar nur in dem Abschnitt enthalten, der über das Rechtsverhältnis zwischen Schürfer und Grundeigentümer handelt; es ist aber nicht anzunehmen, daß diese ausdrückliche Ermächtigung in dem Abschnitte über das Rechtsverhältnis zwischen Bergbautreibenden und Grundeigentümer in der Absicht weggelassen worden sei, diese Feststellung der Entscheidung der Bergbehörde zu entziehen. Die Befugnis zu dieser Feststellung ist schon in der Ermächtigung enthalten, zu entscheiden, in welchem Umfange der Bergbautreibende zur Entschädigung verpflichtet ist und hätte einer besonderen Hervorhebung daher auch für die Entschädigungspflicht des Schürfers nicht bedurft. Die Bergbehörde hat auch nach Beendigung der Benutzung über die Höhe der Ersatzpflicht wegen Wertsminderung und die Verpflichtung zum Eigentumserwerb aus diesem Grunde zu entscheiden.

Der Beschluß der Bergbehörde enthält nur einen Verwaltungsbescheid, der im Wege der Verwaltungsbeschwerde angreifbar ist. Neben dem Beschwerdewege ist aber auch der Rechtsweg zulässig, da es sich um privatrechtliche Ansprüche handelt (§ 5) und soweit der Rechtsweg zulässig ist, sind die Verwaltungsentscheidungen der Bergbehörde nur vorläufig vollstreckbar (s. oben S. 88). Der Rechtsweg ist nach § 18 Abs. 1, § 82 Abs. 2 aber ausgeschlossen, wenn streitig ist, ob eine Verpflichtung zur Überlassung der Benutzung überhaupt besteht. Über diese für die Entschädigungsfrage präjudizielle Vorfrage sollen nur die Verwaltungsbehörden zu entscheiden haben. Der Rechtsweg soll aber auch über diese Vorfrage zulässig sein, wenn der Grundeigentümer seine Weigerung gegenüber dem Schürfer auf die Vorschrift des § 11 Abs. 1 und 3 stützt, die das allgemeine Verbot des Schürfens auf öffentlichen Plätzen usw. und unter Gebäuden usw. enthält (s. unten S. 35) und die Weigerung gegenüber dem Bergbautreibenden auf die Vorschrift des § 76 Abs. 2, die von dem Benutzungsrechte des Bergbautreibenden den mit Wohn- und Wirtschaftsgebäuden bebauten Grund ausnimmt. Der Rechtsweg ist außerdem auch dann zulässig, wenn der Grundeigentümer seine Weigerung auf einen besonderen Rechtstitel stützt, z. B. auf einen bürgerlichrechtlichen Vertrag zwischen ihm und dem Schürfer. Für die Entscheidungen, bei denen es sich um Benutzung von Eingeborenenland handelt, begründen §§ 19, 83 die Zuständigkeit des betreffenden Bezirksamtmannes an Stelle der Bergbehörde. Die auf Grund vertraglicher Einigung oder behördlicher Entscheidung bestehenden Benutzungsrechte haben die Eigenschaft gesetzlicher Grunddienstbarkeiten, die zu ihrer Wirksamkeit gegenüber dem öffentlichen Glauben des Grundbuches nicht eingetragen sein müssen.

b) Das Rechtsverhältnis zwischen mehreren Bergbautreibenden untereinander.

Die Möglichkeit rechtlicher Streitfälle zwischen mehreren Bergbautreibenden ist in den Schutzgebieten sehr gering. Einmal aus tatsächlichen Gründen, weil der Bergwerksbetrieb in den Schutzgebieten noch nicht so häufig ist, daß solche Streitfälle oft vorkommen könnten und weil in vielen Fällen Bergwerksberechtigungen für größere Gebiete bestehen. Dann aber auch aus rechtlichen Gründen, weil durch die Besonderheit des kolonialen Bergrechtes, daß das Bergwerkseigentum nicht auf einzelne Mineralien, sondern entweder für alle oder für alle gemeinen Mineralien erworben wird, ein Zusammentreffen von mehr als 2 Schürfern oder Bergbautreibenden ausgeschlossen ist. Das ist nur dann möglich, wenn ein Feld zuerst als gemeines Feld belegt und umgewandelt worden ist, und dann von einem anderen das gleiche Feld noch als Edelmineralfeld belegt wird. Dies wird aber auch nur selten vorkommen. Wenigstens vorläufig ist das Augenmerk der Schürfer hauptsächlich noch auf Edelmineralien gerichtet. Die Felder werden daher in der Regel von vorneherein als Edelmineralfelder belegt werden. Treffen zwei solche Rechte in einem Bergbaufeld zusammen, so hat der am gemeinen Bergbaufeld Berechtigte einen Anspruch auf die Gewinnung der gemeinen Mineralien, der am Edelmineralbergbaufeld Berechtigte einen Anspruch auf Gewinnung der Edelmineralien. Diese Scheidung würde den Bergwerksbetrieb jedes der beiden Berechtigten aber erheblich erschweren. Daher gibt § 56 jedem der beiden Berechtigten das Recht, die Mineralien der anderen Berechtigung mitzugewinnen. Die mitgewonnenen fremden Mineralien müssen aber auf Verlangen und gegen Erstattung der Gewinnungskosten dem Berechtigten herausgegeben werden. Dies gilt nicht nur für die Mitgewinnung fremder bergbaufreier Mineralien, sondern auch von Mineralien, die nicht bergbaufrei, also Eigentum des Grundstückseigentümers sind. Auch diese, z. B. Marmor, dürfen mitgewonnen werden, müssen dem Grundstückseigentümer aber auf Verlangen gegen Erstattung der Kosten herausgegeben werden.

Rechtliche Beziehungen zwischen benachbarten Bergbautreibenden kennt die Bergverordnung nur in einem Falle, im Falle des

Hilfsbaurechtes. Im freien Felde kann der Bergwerkseigentümer jede Art von Hilfsbauen auf Grund seines Bergwerkseigentums anlegen. Im Schürf- oder Bergbaufeld eines anderen steht ihm das Hilfsbaurecht aber nur zu, wenn ihm dieses Recht durch die Bergbehörde besonders zugesprochen worden ist und dies darf nur geschehen, wenn der Hilfsbau die Entwässerung, Bewetterung oder den vorteilhafteren Betrieb des Bergwerkes bezweckt und der Betrieb in dem fremden Felde dadurch nicht gestört oder gefährdet wird. Einigen sich der Hilfsbauberechtigte und der andere nicht über die Verpflichtung zur Gestattung des Hilfsbaues, so entscheidet die Bergbehörde darüber mit Ausschluß des Rechtsweges. Der Hilfsbauberechtigte hat für allen durch den Hilfsbau erwachsenden Schaden Ersatz zu leisten. Die Errichtung von Hilfsbauen kann natürlich auch durch Vertrag zwischen den Parteien geregelt werden und mit Einwilligung des anderen kann der Hilfsbauberechtigte dann auch andere Hilfsbaue als die oben genannten im Felde des anderen anlegen. Werden bei der Anlage des Hilfsbaues im fremden Felde Mineralien des anderen mitgewonnen, so müssen sie ihm auf Verlangen unentgeltlich herausgegeben werden. Die beim Hilfsbau im freien Felde gewonnenen Mineralien gehören dagegen dem Hilfsbauberechtigten.

Außerdem enthält die Bergverordnung nur noch eine Bestimmung über nachbarliche Rechtsbeziehungen. Nach § 32 ist jeder Schürfer verpflichtet, jedem Nachbarschürfer auf Verlangen die Grenzen seines Schürffeldes zu zeigen.

c) Bergschäden.

Der Bergwerksbetrieb verursacht oft für die über ihm oder ihm benachbart liegenden Grundstücke Schädigungen, die nicht eine unmittelbare Folge der Benutzung dieser Grundstücke sind, sondern sich als mittelbare Folge des Bergwerksbetriebes einstellen. So können durch die Aushöhlung des Bodens Erdsenkungen oder Erdrutsche entstehen oder es kann Grundstücken das Wasser entzogen oder im Übermaße zugeleitet werden. Für derartigen an einem Grundstücke oder dessen Zubehör entstehenden Schaden hat der Bergbautreibende Ersatz zu leisten. Diese Schadensersatzpflicht ist nicht wie die für Benutzung fremder Grundstücke kontraktlich oder quasikontraktlich, sie beruht auch nicht auf einem Verschulden des Bergbautreibenden, sondern wie die Schadensersatzpflicht des Reichshaftpflichtgesetzes allein auf der Tatsache des Betriebes und des Kausalzusammenhanges mit diesem Betriebe. Werden durch den Bergwerksbetrieb Gebäude oder andere Anlagen beschädigt, die zu einer Zeit errichtet worden sind, wo die ihnen durch den Bergbau drohende Gefahr dem Grundeigentümer bei Anwendung gewöhnlicher Aufmerksamkeit nicht unbekannt bleiben konnte, so ist der Bergbautreibende zum Ersatze dieses Schadens nicht verpflichtet. Er muß dafür aber den Schaden ersetzen, der dem Grundeigentümer aus der Notwendigkeit entsteht, im Hinblick auf die drohende Gefahr die ernstlich beabsichtigte Errichtung eines Gebäudes oder einer Anlage zu unterlassen. Wird diese Absicht aber nur behauptet, um diesen Schadensersatzanspruch zu erhalten, so ist der Bergbautreibende auch nicht zum Schadensersatz verpflichtet (§§ 20, 84). Diese Schadensersatzansprüche verjähren in 3 Jahren vom Zeitpunkte der Kenntnis an; ohne Rücksicht auf diese Kenntnis in 30 Jahren.

6. Steuern, Abgaben und Gebühren.

Der Bergwerksbetrieb ist vom Staate von jeher als willkommener Gegenstand der Besteuerung betrachtet worden. Die Absicht, vom Bergwerksbetriebe möglichst große Abgaben zu erzielen, mag auch im Mittelalter als Hauptgrund zur Einführung des Bergregals an Stelle der altdeutschrechtlichen Bergbaufreiheit geführt haben und der Bergwerksbetrieb ist auch nach Aufgabe des Regalitätsgrundsatzes noch längere Zeit mit starken Sondersteuern belastet gewesen. In Preußen sind durch das Gesetz vom 14. Juli 1893 (preuß. GesSlg. 119) die besonderen staatlichen Bergwerksabgaben „außer Hebung gesetzt" worden. Damit ist die Folgerung aus der Aufhebung des staatlichen Bergregals gezogen worden, während die in Preußen bestehenden Privatregale weiter zur Erhebung von besonderen Bergwerksabgaben berechtigen.

Während also die besonderen Bergwerksabgaben im Rechtsgebiete der deutschen Bergrechte auf das Bergregal zurückzuführen sind, sind die nach der Bergverordnung in den Schutzgebieten zu erhebenden besonderen Bergwerksabgaben als Ausfluß des allgemeinen staatlichen Besteuerungsrechtes zu betrachten, da ein Bergregal — mit Ausnahme einer vorübergehenden Geltung in Südwestafrika — in den Schutzgebieten niemals bestanden hat. Die Bergwerksabgaben zerfallen in den Schutzgebieten nach dem Vorbilde des britischen und französischen kolonialen Bergrechtes in die Feldessteuer und die Förderungsabgabe (§ 62).

Die Feldessteuer beträgt jährlich für Edelmineralbergbaufelder 30 Mk. für je 1 ha, für gemeine Bergbaufelder 1 Mk. für je 1 ha, jedoch 30 Mk. mindestens für jedes Bergbaufeld. Ein Höchstbetrag für jedes einzelne Bergbaufeld ist damit nicht gegeben, da nach § 40 mehrere Schürffelder in ein einziges Bergbaufeld umgewandelt werden können. In der Regel wird das Bergbaufeld aber nicht über den Umfang eines Schürffeldes hinausgehen, die Abgabe daher nicht über 240 Mk. und 72 Mk. für ein Bergbaufeld hinausgehen (s. oben S. 42, 49). Die Feldessteuer ist halbjährig im voraus am 1. April und 1. Oktober an die vom Gouverneur zu bezeichnende Kasse zu zahlen (§ 63). Die Erhebung einer besonderen Abgabe vom Felde, die also unabhängig von einem Gewinne ist, wirkt der Sperrung größerer Gebiete zu spekulativen Zwecken entgegen und hält den Beleger zu einer schnellen Erschließung der Bodenschätze an.

Von der Förderung wird eine Abgabe von 2 Prozent erhoben als Förderungsabgabe (§ 64). Ihrer Berechnung wird der Wert zugrunde gelegt, den die Förderung vor ihrer Verarbeitung auf dem Bergwerke hat, da durch eine Versteuerung nach dem Werte der aufbereiteten und verarbeiteten Mineralien die Aufbereitungs- und Verarbeitungskosten mit versteuert würden. Die Förderungsabgabe ist wie die Feldessteuer am 1. April und 1. Oktober zu entrichten, aber immer erst für das entsprechende Halbjahr des Vorjahres.

Zahlungspflichtig ist zunächst der Bergwerkseigentümer. Überträgt er sein Nutzungsrecht auf einen anderen, so ist dieser andere dem Staate gegenüber zahlungspflichtig. Ist der Zahlungspflichtige länger als 2 Monate im Verzuge, so verwirkt er die Zahlung eines Zuschlages von ein Viertel des fälligen Betrages (§ 65). Nach Verwirkung dieses Zuschlages ist der Säumige zur Zahlung aufzufordern und nach Verlauf von weiteren 2 Monaten von der Aufforderung an, hat die Bergbehörde die Beitreibung der schuldigen Beträge anzuordnen, wenn inzwischen nicht gezahlt worden ist. Hat die Beitreibung keinen Erfolg, so kann die Bergbehörde die Aufhebung des Bergwerkseigentums einleiten (s. unten S. 50). Die Bergbehörde kann dies tun; eine Pflicht dazu besteht also nicht.

Die Bergverordnung besteuert nicht nur das Bergwerkseigentum, sondern auch das Recht am Schürffelde und zwar mit 10 Mk. monatlich für ein Edelmineralschürffeld, mit 5 Mk. für ein gemeines Schürffeld (§ 27). Die Schürffeldgebühr ist für sechs Monate im voraus zu zahlen. Sie wird am Tage der Belegungsanzeige, später am 1. Tage des betreffenden Kalendermonats fällig. Ist sie am Tage der Fälligkeit nicht entrichtet, so hört die Schließung des Feldes von selbst auf (s. unten S. 44).

Diese 3 Abgaben kann der Reichskanzler gemäß § 96 Ziff. 5 erhöhen und ermäßigen. Auf Grund dieser Ermächtigung ist die Förderungsabgabe von Edelsteinen in Südwestafrika durch die Verordnung vom 26. Februar 1909 (DKBl. 242) auf 10 Prozent des Wertes erhöht worden. Dagegen sind in Ostafrika alle 3 Gebühren durch die Verordnung vom 7. September 1906 (DKBl. 670) für die Zeit vom 1. Oktober 1906 bis 30. September 1908 auf die Hälfte herabgesetzt worden. Da diese Herabsetzung nach dem 30. September 1908 nicht verlängert worden ist, gelten zurzeit in Ostafrika die Vorschriften der Bergverordnung unverändert.

An sonstigen Gebühren kennt die Bergverordnung noch die Gebühr von 10 Mk. für die Bescheinigung der Eintragung der Übertragung des Rechtes am Schürffelde und die Gebühr von 50 Mk. für die Ausfertigung der Umwandelungsurkunde. Nach § 3 Ausf.-Vdg. zur Bergvdg. erheben die Bergbehörden außer den in der Bergverordnung vorgesehenen Gebühren bis auf weiteres nur Schreibgebühren von 50 Pfg. für jede angefangene Seite einer erteilten Ausfertigung oder Abschrift sowie die baren Auslagen. Dazu können nach der AusfVdg. des Gouverneurs von Ostafrika vom 27. Juli 1906 (DKBl. 627) und der gleichlautenden Verordnung des Gouverneurs von Kamerun vom 6. März 1908 (DKBl. 458) die besonderen Reisekosten und Tagegelder der Beamten von dem Antragsteller eingehoben werden, wenn im Entscheidungsverfahren über das Benutzungsrecht des Bergwerkseigentümers Beamte sich von ihrem Amtssitze entfernen müssen.

Auf steuerrechtlichem Gebiete gelten für Südwestafrika einige Besonderheiten, die zum Teil durch die bergrechtliche Entwickelung dieses Schutzgebietes, zum Teil durch die Diamantengewinnung in Südwestafrika veranlaßt sind. Nach § 86 der Bergvdg. für Südwestafrika (s. oben S. 69) hat der Landesfiskus dem Eigentümer eines vermessenen und in landwirtschaftliche Benutzung genommenen Grundstückes auf seinen Antrag ein Viertel der Förderungsabgabe zu überweisen, die von der Förderung aus dem betreffenden Grundstücke an den Fiskus zu zahlen ist. Diese Bestimmung ist darauf zurückzuführen, daß nach dem in Südwestafrika bis zum 1. Januar 1906 geltenden Bergrechte der Grundeigentümer nach dem Finder ein Vorrecht auf Verleihung von Bergbaufeldern in dem öffentlichen Grubengebiete und außerdem Anspruch auf die Hälfte der Gebühr hatte, die an den Landesfiskus für die Verleihung von Bergbaufeldern auf seinem Grundstück zu zahlen war. Durch die Beteiligung an der Förderungsabgabe sollte diesen besonderen Rechtsverhältnissen Rechnung getragen werden. Die Beteiligung des Grundeigentümers an dem Viertel der Förderungsabgabe erfolgt im Verhältnis des Förderungsgebietes zum Grundstücke. Fällt das Förderungsgebiet ganz in das Grundstück, so erhält der Eigentümer das ganze Viertel; fällt es nur zum Teil in das Grundstück, so wird der Grundeigentümer nur im Verhältnis des in das Grundstück fallenden Fördergebietes zum ganzen Fördergebiete beteiligt. Unter Fördergebiet ist nicht das ganze Bergbaufeld, sondern nur das Gebiet zu verstehen, aus dem die geförderten Mineralien stammen. Das Beteiligungsrecht des Grundeigentümers erlischt zugunsten des Fiskus, wenn der Antrag des Berechtigten nicht binnen 6 Monaten nach der jeweiligen Fälligkeit der Förderungsabgabe gestellt wird. Die Entscheidungen der Bergbehörde über das Beteiligungsrecht unterliegen nicht der Anfechtung im Rechtswege. Gesellschaften, deren Eigentum auf einer behördlich erteilten oder bestätigten Berechtigung beruht, und Eingeborene haben keinen Anspruch auf Beteiligung.

Die Förderungsabgabe von Edelsteinen ist in Südwestafrika durch Verordnung vom 26. Februar 1909 (DKBl. 242) auf 10 Prozent des Wertes erhöht worden, wobei als Wert der Verkaufspreis außerhalb des Schutzgebietes nach Abzug einer Gebühr zugrunde gelegt wird, die die Kosten der Versendung, Versicherung und Verkaufsvermittelung decken soll. Diese 10 prozentige Förderungsabgabe ist durch Verordnung vom 12. Mai 1910 (DKBl. 536) auf 4 Prozent herabgesetzt worden für solche Edelsteine, die nachweislich aus einem bestimmt bezeichneten Gebiete, nämlich dem für die deutsche Kolonialgesellschaft für Südwestafrika bis 1. April 1911 gesperrten Gebiete, gefördert worden sind. In Südwestafrika wird außerdem nach der Verordnung vom 16. Dezember 1908 und 28. Februar 1909 (DKBl. 189, 478) ein Ausfuhrzoll von früher 10 Mk. pro Karat, jetzt von 33 1/3 Prozent des Wertes von den aus dem Schutzgebiete ausgeführten, rohen und ungeschliffenen Diamanten erhoben. Diese Art der Besteuerung wurde gewählt, da infolge von vertraglichen Abmachungen mit der deutschen Kolonialgesellschaft für Südwestafrika eine Erhöhung der Förderungsabgabe oder Feldessteuer oder eine sonstige Besteuerung der Diamantenförderung nicht möglich war, ohne daß der Mehrertrag der Steuer nicht dem Fiskus, sondern der Kolonialgesellschaft zugeflossen wäre.

7. Verordnungsrecht, Behörden, Polizei, Verwaltungsverfahren, Rechtsweg.

a) Das Verordnungsrecht des Reichskanzlers.

Die Bergverordnung, die für räumlich weit auseinanderliegende, wirtschaftlich noch wenig entwickelte und verschiedene Gebiete das Bergrecht einheitlich regeln wollte, mußte natürlich auf diese Besonderheit des Rechtsstoffes Rücksicht nehmen und die Möglichkeit lassen, die Vorschriften neu auftretenden wirtschaftlichen Bedürfnissen und der Verschiedenheit der Schutzgebiete anzupassen. Daher ist dem Reichskanzler ein weitgehendes Verordnungsrecht eingeräumt worden, sowohl zur Ergänzung als auch zur Abänderung der Bergverordnung. Das Verordnungsrecht des Reichskanzlers wird nach § 97 ausgeübt durch das Auswärtige Amt, an dessen Stelle für die Kolonialverwaltung durch den Allerh. Erlaß vom 17. Mai 1907

(RGBl. 237) das Kolonialamt getreten ist. Der Reichskanzler kann die auf das Bergwesen bezüglichen Rechtsverhältnisse, die nicht durch die Bergverordnung selbst geregelt worden sind, für alle Schutzgebiete einheitlich oder für einzelne regeln. Auf Grund dieser Ermächtigung sind die schon besprochenen Ausführungsverordnungen zur Bergverordnung ergangen, die hauptsächlich das Bergwerkseigentum als Gegenstand des Rechtsverkehrs behandeln (s. S. 52 ff.). Der Reichskanzler kann ferner noch andere Mineralien als die im § 1 bestimmten der Bergverordnung unterwerfen, d. h. für bergbaufrei erklären (s. S. 54 ff.). Er kann außerdem die Fristen der Bergverordnung verlängern, die Zuständigkeit der Behörden regeln (s. oben S. 80); das Schürfen und den Bergbau auf Edelsteine und auf angeschwemmten Lagerstätten lagernde Edelmineralien abweichend regeln (s. unten S. 36), die Lösung von Schürfscheinen anordnen, die Zahl der Schürffelder beschränken und die Abgaben erhöhen oder ermäßigen (s. oben S. 77). Der wichtigste Bestandteil des Verordnungsrechtes des Reichskanzlers ist die Befugnis, Sonderberechtigungen zur ausschließlichen Aufsuchung oder Gewinnung von Mineralien für bestimmte Gebiete zu erteilen (s. unten S. 90 ff.).

b) Die Bergbehörden.

Die Führung der auf das Bergwesen bezüglichen Geschäfte obliegt zunächst den Gouverneuren der einzelnen Schutzgebiete als Zentralbehörden für die ganze Schutzgebietsverwaltung. Durch § 2 der AusfVdg. zur Bergvdg. sind die Gouverneure ermächtigt, die Führung dieser Geschäfte besonderen Bergbehörden zu übertragen und über die Einrichtung dieser Behörden die nötigen Bestimmungen zu erlassen. Auf Grund dieser Ermächtigung sind für Südwestafrika 2 Bergbehörden in Windhuk und Lüderitzbucht (vgl. Vdg. vom 8. Februar 1910 DKBl. 263), für Ostafrika eine in Daressalam (Vdg. vom 27. Juli 1906 DKBl. 626), für Kamerun eine in Buea (Vdg. vom 22. August 1907 DKBl. 1908 S. 457) errichtet worden. Der Name des Beamten, der die Geschäfte der Bergbehörde jeweils führt, ist bekannt zu machen. Der schriftliche Verkehr der Bergbehörde findet ohne Inanspruchnahme des Gouverneurs statt. In den drei genannten Schutzgebieten hat der Gouverneur als Aufsichtsbehörde der Bergbehörde die Stellung einer oberen Bergbehörde, während er in den übrigen Schutzgebieten Bergbehörde selbst ist. Dem Gouverneur ist zum Teil durch die Bergverordnung selbst, zum Teil vom Reichskanzler durch Übertragung der eigenen Verordnungsbefugnis ein umfangreiches Verordnungsrecht gegeben. So kann er, um nur die wichtigsten Gegenstände seines Verordnungsrechtes hier aufzuzählen, abweichende Vorschriften über die Schürfmerkmale erlassen (§ 24 Abs. 3), den Inhalt und die Führung der Schürfregister ordnen (§ 34 Abs. 3), die Zuständigkeit der Behörden bestimmen oder abweichend von der Bergverordnung regeln (§§ 37 Abs. 3, 58, 61, 63, 87, 89), Fristen herabsetzen (§ 38 Abs. 4), die Vermessung von Bergbaufeldern (§ 41 Abs. 3), die Buchführung (§ 59), die Berechnung der Förderabgaben (§ 64) regeln, über den Umfang der Betriebspflicht Bestimmungen treffen (§ 57 Abs. 3) und über die Einrichtung des Berggrundbuches nähere Vorschriften erlassen (s. oben S. 61).

Die Tätigkeit der Bergbehörde als Verwaltungsbehörde wurde schon bei der Darstellung des materiellen Rechtes im einzelnen berücksichtigt. Hier daher nur eine kurze Zusammenfassung ihrer hauptsächlichen Aufgaben. Bei der Belegung und Schließung der Schürffelder hat sie die Einhaltung der vorgeschriebenen Förmlichkeiten zu prüfen; für die Entfernung der Merkmale bei nicht eingetretener oder wiederaufgehobener Schließung zu sorgen und das Schürfregister zu führen. In das Schürfregister hat sie jede form- und fristgerecht angezeigte Belegung des Schürffeldes, die Übertragung und die Aufgabe des Rechtes am Schürffelde einzutragen und über die erste Eintragung unentgeltlich eine Bescheinigung zu erteilen. Sie hat das oben dargestellte Umwandelungsverfahren von Amts wegen zu betreiben, wenn ein dahingehender Antrag gestellt wird oder die gesetzlichen Voraussetzungen zur Umwandelung ohne Antrag gegeben sind, und die Umwandelungsurkunde aufzubewahren. Dem Berechtigten ist gegen die Zahlung der Gebühr von 50 Mk. eine Ausfertigung der Urkunde zu erteilen. Ebenso hat die Bergbehörde bei Verzichtserklärung oder von Amts wegen das Aufhebungsverfahren einzuleiten und zu betreiben. Die Beitreibung der rückständigen Abgaben und Steuern im Zwangswege ist Sache der Bergbehörde. Sie hat ferner bei Streitigkeiten zwischen Schürfer oder Bergbautreibenden und Grundeigentümer oder anderen Bergbautreibenden über das Benutzungsrecht darüber beschlußmäßig zu entscheiden. Handelt es sich um Eingeborenenland, so ist für diese Entscheidung ausnahmsweise der Bezirksamtmann zuständig. Sie hat ferner Anträge und Erklärungen über Bergrechtsverhältnisse zu Protokoll entgegenzunehmen und zur Evidenthaltung des Berggrundbuches mitzuwirken. Die Bergbehörde ist außerdem Bergpolizeibehörde (s. darüber unten).

Die Bergbehörde ist eigentlich als Zentralbehörde je für ein ganzes Schutzgebiet gedacht und als solche auch zur Vornahme aller die Bergrechtsverhältnisse eines Schutzgebietes betreffenden Geschäfte zuständig. Bei der großen Ausdehnung der Schutzgebiete und den schwierigen Verkehrsverhältnissen hat sich das Bestreben nach Zentralisierung in der Praxis aber nicht durchführen lassen. Daher ist durch Gouverneursverordnungen ein Teil der Verwaltungsgeschäfte den örtlichen Behörden überwiesen worden. Nach der Verordnung des Gouverneurs von Ostafrika vom 27. Juli 1906 (DKBl. 627) und der gleichlautenden Verordnung des Gouverneurs von Kamerun vom 6. März 1908 (DKBl. 458) sind zur Entgegennahme von Zahlungen, von Anzeigen, von Anträgen auf Umwandelung von Schürffeldern, zur Einrichtung und Führung der Schürfregister und zur Handhabung der Bergpolizei die örtlichen Verwaltungsbehörden (Bezirksamtmann, Resident, Militärstationschef) für zuständig erklärt. Ebenso hat der Gouverneur von Neu-Guinea durch Verordnung vom 10. Mai 1906 bestimmt, daß zur Entgegennahme der in §§ 28, 30, 37, 58, 88 bezeichneten Anzeigen und Erklärungen und zur Führung der in §§ 86, 87 geregelten Polizeiaufsicht über das Schürfen und den Bergbaubetrieb die einzelnen Bezirksämter zuständig sind.

c) Die Bergpolizei.

Die Bergpolizei erstreckt sich nach § 88 insbesondere auf die Sicherheit der Baue, die Sicherheit des Lebens und die Gesundheit der Beamten und Arbeiter, die Aufrechterhaltung der guten Sitten und des Anstandes im Betriebe, den Schutz der Oberfläche im Interesse der persönlichen Sicherheit und des öffentlichen Verkehrs und den Schutz gegen gemeinschädliche Einwirkungen des Schürfens und des Bergbaues. Diese Aufzählung soll nicht vollständig sein, wie aus ihrer Einleitung mit „insbesondere" ersichtlich ist. Die bergpolizeiliche Aufsicht erstreckt sich vielmehr auf alle Teile des Schürf- und Bergbaubetriebes. Die Bergpolizei wird von der Bergbehörde ausgeübt; der Gouverneur kann aber andere Behörden damit beauftragen. Dies ist in Ostafrika und Kamerun geschehen (s. unten S. 82), wo die Handhabung der Bergpolizei den örtlichen Behörden übertragen ist. Damit ist den örtlichen Verwaltungsbehörden jedoch nicht die Eigenschaft von selbständigen Bergpolizeibehörden beigelegt worden; sie sind nur die ausführenden Stellen der Bergpolizeibehörde geworden, der allein ein allgemeines polizeiliches Verordnungsrecht zusteht. Für die Handhabung der Bergpolizei durch die örtlichen Verwaltungsbehörden gibt die Dienstanweisung des Gouverneurs von Ostafrika vom 25. August 1906 (DKG. Bd. 10 S. 300) nähere Anweisungen. Danach hat die örtliche Verwaltungsbehörde dafür zu sorgen, daß jedes Bergwerk wenigstens einmal in jedem fiskalischen Jahre besucht wird. Dabei ist festzustellen, ob der Betrieb den Vorschriften über den Betriebszwang genügt; wer den Betrieb leitet und ob Betrieb und Förderung mit der Anzeigepflicht (s. unten S. 65) übereinstimmen.

Der bergpolizeilichen Aufsicht unterliegen nicht nur die eigentlichen Bergwerksanlagen, sondern auch die Nebenanlagen, die Bestandteile des Bergwerkes sind, wie Hüttenwerke, Aufbereitungsanlagen. Die bergpolizeiliche Aufsicht erstreckt sich aber bei diesen Anlagen nur auf die Art ihrer Ausführung und Erhaltung, nicht auf das Recht zu ihrer Ausführung. Dieses Recht fließt vielmehr wie das Recht zur Errichtung der Bergwerksanlagen selbst aus dem Bergwerkseigentum und bedarf keiner polizeilichen Genehmigung (s. unten S. 17). Ein Zusammentreffen der bergpolizeilichen und gewerbepolizeilichen Zuständigkeit, wie es im Geltungsgebiete der Reichsgewerbeordnung auf Grund des § 16 GO. möglich ist, der einzelne solche bergbauliche Anlagen einer besonderen gewerbepolizeilichen Genehmigung unterwirft, ist in den Schutzgebieten nicht möglich, da § 3 SchGG. mit § 19 KonsGG. nur die dem bürgerlichen Rechte angehörenden Vorschriften der Reichsgesetze für die Schutzgebiete für anwendbar erklärt; bei § 16 GO. es sich aber nicht um eine bürgerlich-, sondern um eine öffentlichrechtliche Vorschrift handelt.

Die Bergverordnung enthält in §§ 90—92 einige strafrechtliche Vorschriften, die zwar nicht dem Polizeistrafrechte angehören, hier aber kurz erwähnt sein mögen. Die reichsgesetzliche Ermächtigung zum Erlaß dieser Vorschriften enthält § 6 Ziff. 1 SchGG. Die Strafvorschriften sind erlassen zum Schutze des Grundeigentums, der Schürfmerkmale, des Rechtes am Schürffelde und des Bergwerkseigentums, des staatlichen Rechtes auf Abgaben und Steuern und der Betriebssicherheit. Die Strafhandlungen sind zum Teil Vergehen und werden mit Geldstrafen bis zu 3000 Mk. oder mit Gefängnis bis zu 6 Monaten bestraft, zum Teil Übertretungen mit Geldstrafe bis zu 500 Mk., die im Falle der Uneinbringlichkeit in Haftstrafe umzuwandeln ist. Eingeborenen gegenüber sind daneben die besonderen Strafmittel anzuwenden, die das Eingeborenenstrafrecht für zulässig erklärt.

d) Das Verwaltungsverfahren.

Das besondere bergrechtliche Verfahren, das zur Durchführung des materiellen Bergrechtes dient, ist in der Bergverordnung selbst geregelt und bei der Darstellung des materiellen Rechts schon berücksichtigt. Diese Verfahrensvorschriften sind in Ostafrika und Kamerun durch die Verordnungen vom 27. Juli 1906 und 6. März 1908 (s. oben S. 82) ergänzt worden. Sie enthalten über die Form öffentlicher Bekanntmachungen und die Vermessung und Vermarkung der Bergbaufelder eingehende Bestimmungen und ordnen die Einreichung genauer Nachweisungen aus den Büchern an. Die Verfahrensvorschriften, die durch die Verweisung auf die Grundstücksverordnung, die Grundbuchordnung, die preuß. Ausführungsgesetze usw. für das Verwaltungsverfahren in Betracht kommen, bedürfen hier keiner weiteren Darstellung.

Außerdem enthält die Bergverordnung in den §§ 4—9 eine Reihe allgemeiner Verfahrensvorschriften, die noch nicht behandelt sind. Gegen die auf Grund der Bergverordnung eingehenden Entscheidungen der Verwaltungsbehörden ist die Beschwerde zulässig, soweit sie nicht für ausgeschlossen erklärt ist. Ausdrücklich ausgeschlossen ist sie bei den Entscheidungen über die Widersprüche im Umwandelungsverfahren (§ 46) und bei dem Beschluß auf Einleitung des Aufhebungsverfahrens (§ 70). Dem Beschwerten ist in diesen beiden Fällen der Klageweg offen. Auf das Beschwerdeverfahren sind die §§ 16—21 der Kaiserlichen Verordnung, betr. die Zwangs- und Strafbefugnisse der Verwaltungsbehörden in den Schutzgebieten vom 14. Juli 1905 (RGBl. 717), entsprechend anzuwenden. Danach geht die Beschwerde gegen den Gouverneur als obere Verwaltungsbehörde an den Reichskanzler; die Beschwerde gegen die Entscheidungen der Bergbehörde, des Bezirksamtmannes oder der anderen für Bergrechtssachen für zuständig erklärten Behörden an den Gouverneur. Gegen den Beschwerdeentscheid des Gouverneurs findet weitere Beschwerde an den Reichskanzler statt, soweit sie nicht ausdrücklich ausgeschlossen ist. Dies ist der Fall bei der Entscheidung über Umwandelung in ein Bergbaufeld (§ 47 Absatz 2). Der Gouverneur kann sich bei der Entscheidung über Beschwerden durch den mit den oberrichterlichen Geschäften betrauten Beamten vertreten lassen. Beschwerdeberechtigt ist jeder, dessen Person oder Vermögen von der Entscheidung betroffen ist. Die Beschwerde ist bei der Behörde einzureichen, gegen deren Entscheidung sie sich richtet. Diese Behörde hat die Abänderungsbefugnis; will sie der Beschwerde selbst nicht stattgeben, so hat sie die Beschwerde an die Beschwerdeinstanz weiterzugeben. Die Beschwerdefrist beträgt 3 Monate, für die weitere Beschwerde 4 Wochen. Gegen die Entscheidung auf Umwandelung eines Schürffeldes in ein Bergbaufeld ist die Beschwerde nur binnen 14 Tagen nach der Bekanntmachung zulässig (§ 47 Abs. 2). Durch die rechtzeitige Einreichung der Beschwerde bei einer unzuständigen Behörde wird die Beschwerde nicht unwirksam. Die Beschwerde hat an sich keine aufschiebende Wirkung; es kann ihr eine solche im einzelnen Falle aber durch die Behörde beigelegt werden. Gegen Fristversäumung gibt es nach den Vorschriften des § 44 RStPO. Wiedereinsetzung in den vorigen Stand. Die Verwaltungsbehörden können Zeugen und Sachverständige unter entsprechender Anwendung der Vorschriften der Zivilprozeßordnung über den Zeugen- und Sachverständigenbeweis vernehmen, also auch beeidigen. Die Behörden und Gerichte desselben Schutzgebietes haben einander bei Bekanntmachungen und Vollstreckungshandlungen Rechtshilfe zu leisten. Die Gerichte sind auf Ersuchen der Verwaltungsbehörden zur eidlichen Vernehmung von Zeugen und Sachverständigen verpflichtet. Öffentliche Bekanntmachungen erfolgen durch Anheften an der Amtstafel und in ortsüblicher Weise. Die Bekanntmachung an bestimmte Personen erfolgt durch Mitteilung zu Protokoll oder durch Zustellung. Zustellungen erfolgen durch eingeschriebenen Brief oder durch Übergabe der Urschrift oder einer beglaubigten Abschrift.

e) Der Rechtsweg.

Wie aus der Darstellung des materiellen Rechtes zu ersehen ist, ist den Verwaltungsbehörden die Befugnis gegeben, über alle Rechtsverhältnisse, auch über die bürgerlichrechtlichen, zu entscheiden, die bei der Verleihung des Bergwerkseigentums oder dem Bergbaubetrieb streitig werden. Es handelt sich dabei meist um sehr erhebliche Vermögensinteressen der Beteiligten. Es ist daher natürlich, daß durch die Entscheidung der Verwaltungsbehörde diese bürgerlichrechtlichen streitigen Ansprüche nicht der Zuständigkeit der ordentlichen Gerichte entzogen werden. § 5 bestimmt demgemäß, daß gegen die auf Grund der Bergverordnung ergehenden Entscheidungen der Verwaltungsbehörden über bürgerlichrechtliche Ansprüche neben der Verwaltungsbeschwerde der Rechtsweg zulässig ist, soweit er nicht ausdrücklich ausgeschlossen ist. Der durch die Verwaltungsentscheidung Beschwerte hat danach die Wahl zwischen dem Beschwerde- und dem Rechtswege; er kann aber auch nach Einlegung der Beschwerde und Durchführung des Beschwerdeverfahrens noch den Rechtsweg beschreiten. Die im Rechtswege bei den ordentlichen Gerichten einzureichende Klage ist in der Regel gegen den zu richten, zu dessen Gunsten die Verwaltungsentscheidung ergangen ist, so bei Streitigkeiten über das Benutzungsrecht am fremden Grunde und die Entschädigungspflicht, bei Widersprüchen im Umwandelungsverfahren. Die Klage auf Aufhebung des Beschlusses, durch den das

Aufhebungsverfahren eingeleitet wird, ist aber gegen die Bergbehörde zu richten, die den Beschluß erlassen hat (§ 70). Die wichtigsten Fälle des Klagerechtes sind die eben beispielsweise angeführten Fälle.

In einer großen Zahl von Fällen, in denen es sich auch um Entscheidungen über bürgerlichrechtliche Ansprüche handelt, ist der Rechtsweg aber ausgeschlossen. Es handelt sich dabei meist um Verwaltungsentscheidungen, bei welchen sich noch keine Privatparteien gegenüberstehen, sondern das Entstehen eines Privatrechtes erst beansprucht wird, oder wo den sich gegenüberstehenden Parteien schon vorher in einem Ausschlußverfahren Gelegenheit gegeben war, ihre Rechte geltend zu machen oder wo besondere bergrechtliche Tatbestände vorliegen. Der Rechtsweg ist ausgeschlossen und die endgültige Entscheidung damit der Bergbehörde vorbehalten in den §§ 18 Abs. 1, 38 Abs. 3, 41 Abs. 2, 46, 47, 52 Abs. 3, 54, 55, 57 Abs. 2, 68, 70, 73, 82, 86 Abs. 4. Die wichtigsten Fälle davon sind die Entscheidung über das Vorliegen eines Benutzungsrechtes (§§ 18, 82), über die Umwandelung eines Schürffeldes in ein Bergbaufeld von Amts wegen (§ 38), über die Umwandelung und Versagung der Umwandelung (§§ 41, 47), über das Hilfsbaurecht im fremden Felde (§ 52), über das Wasserbenutzungsrecht (§ 54), über die Erfüllung der Betriebspflicht (§ 57), über die Entfernung der Zimmerung und Mauerung nach Aufhebung des Bergwerkseigentums (§ 68), über die Aufhebung des Bergwerkes (§ 73), über das Anteilsrecht des Grundeigentümers an der Förderungsabgabe in Südwestafrika.

Für die Klagen vor den ordentlichen Gerichten ist ein ausschließlicher Gerichtsstand begründet bei den Bezirksgerichten, in dessen Bezirk das Schürf- oder Bergbaufeld liegt. Sind danach mehrere Gerichte zuständig, so bestimmt der Gerichtsbeamte der zweiten Instanz, welches Gericht zuständig sein soll.

f) Die Zwangsvollstreckung.

Die Vollstreckung der im Rechtsweg ergangenen richterlichen Urteile über bürgerlichrechtliche Bergrechtsverhältnisse erfolgt nach § 3 SchGG. mit § 19 KonsGG. nach den Vorschriften der ZPO.

Für die Vollstreckung der Verwaltungsentscheidungen, die reine Verwaltungsentscheidungen sind, und der Verwaltungsentscheidungen, die zwar auch über bürgerlichrechtliche Ansprüche entscheiden, aber im Rechtswege nicht anfechtbar sind, gelten die allgemeinen Vorschriften über die Vollstreckung von Verwaltungsentscheidungen in den Schutzgebieten. Die Vollstreckbarkeit dieser Entscheidungen ist für alle Schutzgebiete gemeinsam geregelt durch die Verordnung vom 14. Juli 1905 (RGBl. 717). Danach gelten für die Zwangsvollstreckung wegen Geldforderungen und zur Erwirkung der Herausgabe von Sachen die gleichen Vorschriften wie für die Vollstreckung richterlicher Urteile, also die ZPO.; für die Erwirkung von Handlungen und Unterlassungen können die Verwaltungsbehörden durch Verordnung des Reichskanzlers zu den erforderlichen Zwangsmaßregeln ermächtigt werden.

Aber auch aus den Verwaltungsentscheidungen, die im Rechtswege anfechtbar sind, findet eine Zwangsvollstreckung statt, die allerdings nur vorläufig ist. Sie erfolgt nur auf Antrag und Gefahr des aus der Entscheidung Berechtigten und ist von dem Nachweise einer angemessenen Sicherheitsleistung abhängig. Der Antragsteller ist dem Vollstreckungsgegner zum Ersatze des Schadens verpflichtet, der aus der vorläufigen Zwangsvollstreckung entsteht, und zwar ohne Rücksicht auf ein Verschulden und die Höhe der Sicherheitsleistung. Die Haftung der Sicherheit erlischt nach 2 Jahren seit der Bestellung, wenn vorher nicht der Rechtsweg beschritten worden ist. Die Zwangsvollstreckung findet nicht durch die Verwaltungsbehörde, sondern durch das nach § 764 Abs. 2 zuständige Gericht statt, also durch das Bezirksgericht, in dessen Bezirk die Zwangsvollstreckung stattfinden soll.

8. Kiautschou.

Das Schutzgebiet Kiautschou hat in der Schutzgebietsverwaltung eine besondere Rechtsstellung, da es nicht dem Kolonialamte, sondern dem Marineamte untersteht. Diese Sonderstellung zeigt sich auch auf dem Gebiete des Bergrechts. Die Bergverordnung, die in den übrigen Schutzgebieten gilt, hat für Kiautschou keine Geltung. Die bürgerlichen Rechtsverhältnisse wurden für Kiautschou ebenso wie für die anderen Schutzgebiete, durch Bezugnahme auf das Konsulargerichtsbarkeitsgesetz geregelt; es galten dafür also die Reichs- und preußischen Landesgesetze. Das Bergwerkseigentum wurde aber von dieser Regelung ausgenommen. Für diesen Rechtsstoff wurde das Verordnungsrecht dem Reichskanzler übertragen, der davon aber zunächst keinen Gebrauch machte, sodaß für das Bergrecht gar keine gesetzlichen Vorschriften bestanden (s. Kaiserl. Vdg. und Vdg. des Reichsk. vom 27. April 1898 (DKG. Bd. 4 S. 165); AusfVdg. vom 9. November 1900 zum SchGG. §§ 13 und 3).

Erst durch die Verordnung des Reichskanzlers vom 16. Mai 1903 (Amtsbl. für das deutsche Kiautschougebiet 143, DKG. Bd. 7 S. 306) wurden die bergrechtlichen Verhältnisse durch Aufstellung von 2 bergrechtlichen Grundsätzen geregelt, ohne daß sie im einzelnen ausgeführt worden wären. Es wird darin zuerst bestimmt, daß die in § 1 des preuß. allg. Bergges. vom 24. Juli 1865 genannten Mineralien von der Verfügung des Grundeigentümers ausgeschlossen sind. Damit ist ebenso wie in den anderen Schutzgebieten der Grundsatz der Trennung von Grund- und Bergwerkseigentum ausgesprochen. Die Zahl der für bergbaufrei erklärten Mineralien ist zwar im preuß. allg. Berggesetz größer als in der Bergverordnung; andererseits fehlen aber im preuß. allg. Berggesetze einige sehr wertvolle Mineralien wie Edelsteine und Platin, die also in Kiautschou dem Grundeigentümer gehören, falls sie überhaupt dort vorkommen. Die bisher dort entdeckten Mineralvorkommen sind ja sehr gering. Weiter wird dann bestimmt, daß dem Landesfiskus das ausschließliche Recht zur Aufsuchung und Gewinnung dieser Mineralien zusteht. Alle Privatunternehmer sind also vom Bergbau auf Grund eigenen Rechtes im Schutzgebiete ausgeschlossen. Der Fiskus hat eine Sonderberechtigung für das ganze Schutzgebiet in demselben Rechtssinne, wie sie nach § 94 Bergvdg. in den übrigen Schutzgebieten erteilt werden kann. Ob diese Sonderberechtigung die Eigenschaft eines Bergregals hat, ist der kurzen gesetzlichen Bestimmung allein nicht zu entnehmen, denn der Begriff der Sonderberechtigung und des Bergregals sind nicht identisch. Während der Sonderberechtigte in der Regel den Schürf- und Bergbaubetrieb selbst als Unternehmer ausüben wird, wenn er nicht selbst in seinem

Sonderrechtsgebiet Schürffreiheit erklärt (s. oben S. 92), liegt es im Begriff des Bergregals, daß der Inhaber des Regals das Mineralgewinnungsrecht anderen zur Ausübung gegen Abgaben verleiht. Es wird also von der weiteren gesetzlichen Ausführung der Verordnung vom 16. Mai 1903 oder ihrer Anwendung in der Praxis abhängen, ob man von einem staatlichen Bergregale sprechen kann. Bis jetzt ist nur in einem Falle das Mineralgewinnungsrecht weiter verliehen worden. Durch die Verordnung des Gouverneurs von Tsingtau vom 26. Oktober 1909 wurde einer offenen Handelsgesellschaft das ausschließliche Recht zum Aufsuchen und Gewinnen von Kohle und sonstigen Mineralien auf mehreren zum Schutzgebiete gehörigen Inseln bis 31. Dezember 1937 erteilt.

Neben dem ausschließlichen Rechte, Salz durch Bergbau zu gewinnen, steht dem Fiskus auf Grund der Verordnung vom 12. März 1910 auch das ausschließliche Recht zu, Salz aus Seewasser gewerbsmäßig zu gewinnen. Die Ausübung dieses Rechtes kann nach Bedarf an Privatunternehmer gegen Gebühren vergeben werden.

Die bergbehördlichen Geschäfte werden in Kiautschou vom Gouverneur selbst besorgt, dem ein bergmännischer Sachverständiger beigegeben ist.

9. Sonderrechte.

Die Bestimmungen der Bergverordnung sind für das ganze Gebiet der deutschen Kolonien mit Ausnahme von Kiautschou erlassen worden. Die Anwendung der Bergverordnung auf dieses ganze Gebiet ist aber tatsächlich beschränkt durch den Bestand von Sonderberechtigungen, bei welchen die vor dem Inkrafttreten der Bergverordnung in den einzelnen Schutzgebieten entstandenen Sonderberechtigungen zu unterscheiden sind von den nach diesem Zeitpunkte auf Grund der Bergverordnung selbst entstandenen.

Nach § 93 gilt die Bergverordnung auch in den Gebieten, in denen Bergrechte auf Grund einer vom Reichskanzler oder vom Auswärtigen Amte, Kolonialabteilung, erteilten oder bestätigten Sonderberechtigung zugunsten von Gesellschaften bestehen, soweit sich nicht aus dem Inhalte der Berechtigung etwas anderes ergibt.

Der Hauptinhalt der vor der Bergverordnung entstandenen Sonderberechtigungen bestand nun in den meisten Fällen gerade darin, daß entweder die gesetzlichen bergrechtlichen Bestimmungen auf das Sonderberechtigungsgebiet überhaupt nicht anzuwenden sein sollten, die Regelung der bergrechtlichen Verhältnisse für diese Gebiete den Sonderberechtigten also allein überlassen war oder den Sonderberechtigten unter Geltung der übrigen gesetzlichen bergrechtlichen Bestimmungen ein ausschließliches Recht auf Aufsuchung und Gewinnung von Mineralien zustehen solle. So ist in § 55 der Bergverordnung für Südwestafrika vom 15. August 1889 ausdrücklich bestimmt, daß die deutsche Kolonialgesellschaft für Südwestafrika für das ihr eigentümlich gehörende Landgebiet die Bergrechtsverhältnisse vollständig selbständig regeln könne. Diese Sonderberechtigungen haben, soweit sie die Geltung der allgemeinen bergrechtlichen Bestimmungen ausgeschlossen haben, jetzt nicht mehr die gleiche Bedeutung wie früher; denn die Sonderberechtigten haben im Wege des Vertrages mit dem Kolonialamte die allgemeinen bergrechtlichen Bestimmungen für ihre Sonderberechtigungsgebiete angenommen. So hat die deutsch-ostafrikanische Gesellschaft durch den Vertrag vom 25. September 1900 (DKG. Bd. 5 S. 148) die damalige Bergverordnung für Ostafrika vom 9. Oktober 1898 angenommen, an deren Stelle die jetzt geltende Bergverordnung getreten ist (s. auch Vdg. des Reichsk. vom 3. Oktober 1900 DKG. Bd. 5 S. 151). Die deutsche Kolonialgesellschaft für Südwestafrika hat durch die Abkommen vom 17. Februar und 2. April 1908 (D. KBl. 426) für alle ihre Berggerechtsame die Bergverordnung und die Ausführungsbestimmungen dazu angenommen. Ebenso die South West Africa Co. für den größten Teil ihres Berechtigungsgebietes durch den Vertrag vom 21. Februar und 25. März 1908 (DKBl. 429). Damit haben die meisten Sonderberechtigten auch ihr ausschließliches Recht auf Aufsuchung und Gewinnung von Mineralien aufgegeben und allgemeine Schürffreiheit für ihr Gebiet erklärt. Sie haben jedoch in diesen Verträgen nicht bedingungslos auf ihre Vorrechte verzichtet, sondern sich einzelne Rechte vorbehalten und abweichend geregelt, vor allem das Recht auf die Förderungsabgabe und Feldessteuer. Besonders hat die South West Africa Co.

sich weitgehende Rechte vorbehalten und auf Grund dieser Rechte ein eigenes Bergregulativ vom 18. November 1908 (DKG. Bd. 12 S. 499) erlassen, nach dem die Aufsuchung und Gewinnung von Edelsteinen ihr allein vorbehalten ist. Trotz dieser Vorbehalte im einzelnen ist die Bergverordnung aber grundsätzlich angenommen worden, sodaß ihre Geltung für das ganze Gebiet der Kolonien mit Ausnahme von Kiautschou jetzt allgemein ist.

Durch die nach dem Inkrafttreten der Bergverordnung entstandenen Sonderberechtigungen ist die allgemeine Geltung der Bergverordnung nicht durchbrochen worden. § 94 Abs. 2 bestimmt, daß für diese Gebiete die Vorschriften der Bergverordnung gelten, soweit sich nicht aus dem Inhalte der Sonderberechtigung etwas anderes ergibt. Die nach dem Inkrafttreten der Bergverordnung entstehenden Sonderberechtigungen können aber nach § 94 Abs. 1 nur das Recht zur ausschließlichen Aufsuchung und Gewinnung von Mineralien für bestimmte Gebiete zum Inhalte haben. Nur soweit dieses ausschließliche Recht in Betracht kommt, kann also von der Bergverordnung abgewichen werden; alle darauf nicht bezüglichen Bestimmungen der Bergverordnung haben ausnahmslose Geltung. Von der Ermächtigung des § 94, daß der Reichskanzler solche Sonderberechtigungen erteilen kann, ist bisher ein sehr umfangreicher Gebrauch gemacht worden, in einzelnen Schutzgebieten so stark, daß von dem die Bergverordnung beherrschenden Grundsatz der Bergverordnung nichts mehr übrig geblieben ist. So ist für das Schutzgebiet der Karolinen-, Palau-, Mariannen- und Marschallinseln dem Landesfiskus das ausschließliche Recht zur Gewinnung aller bergbaufreien Mineralien verliehen worden durch die Verordnung vom 5. November 1908 (DKBl. 1144); in Ostafrika durch die Verordnung vom 16. Oktober 1906 (DKBl. 700) dem Landesfiskus das ausschließliche Recht auf Salzgewinnung auf die Dauer von 50 Jahren; in Südwestafrika dem Landesfiskus das ausschließliche Recht auf die Gewinnung aller bergbaufreien Mineralien im sogen. Sperrgebiete vom 1. April 1911 an. In Kiautschou steht dem Landesfiskus nach der, allerdings nicht auf Grund des § 94, sondern auf Grund des SchGG. und der AusfVdg. dazu erlassenen Verordnung vom 16. Mai 1903 das ausschließliche Gewinnungsrecht für alle bergbaufreien Mineralien und das ganze Schutzgebiet zu. Ähnliche Sonderberechtigungen sind für einzelne Mineralien und bestimmte Gebiete für alle Schutzgebiete mit Ausnahme von Samoa erlassen worden. Die Beschränkung des Grundsatzes der Bergbaufreiheit durch diese Sonderberechtigungen ist in der Kolonialliteratur mehrfach abfällig beurteilt worden (vgl. Zeitschr. für Bergr. Bd. 51 S. 237) und als besonders bedenklich für die bergbauliche Entwickelung der Schutzgebiete wird dabei aufgenommen, daß die Sonderberechtigungen fast nur an die Landesfiski, nicht an Privatunternehmungen erteilt worden sind. So berechtigt es auch sein mag, die Allgemeinheit durch den Landesfiskus finanziell an den Bodenschätzen als einem Teile des Nationalvermögens zu beteiligen, so mag es doch in der Tat zweifelhaft sein, ob dieses Ziel durch eine so weitgehende Ausschaltung des Grundsatzes der Bergbaufreiheit und der Privatunternehmung erreicht wird und nicht das finanzielle Interesse der Schutzgebiete vielleicht nur theoretisch gewahrt ist. Wenn die Ausbeutung der staatlichen Sonderberechtigungen auch Privatunternehmungen gegen Gewinnbeteiligung der Landesfiski überlassen werden wird, so wird der Prospektiertätigkeit, der Hauptvoraussetzung für die bergbauliche Erschließung der Schutzgebiete, doch ein großer Anreiz fehlen, wenn ihre Gewinnaussicht von vorneherein beschränkt ist. Damit ist die Möglichkeit einer Verzögerung der bergbaulichen Entwickelung der Schutzgebiete gegeben. Inwieweit diese Gefahr besteht, wird davon abhängen, in welcher Weise die einzelnen Landesfiski ihre Sonderberechtigungen verwerten und die Privatunternehmungen daran beteiligen. Ein weiteres Eingehen auf diese, übrigens vorwiegend wirtschaftliche Frage, ist hier daher nicht notwendig.

Dagegen bedarf die Frage nach der rechtlichen Natur dieser Sonderberechtigungen noch einer kurzen Erörterung. Mit dieser Frage hat die Rechtsliteratur sich schon eingehender befaßt und soweit eine Literatur über koloniales Bergrecht bisher überhaupt vorhanden ist, ist sie fast nur durch diese Frage veranlaßt worden, die durch die Verträge des Kolonialamtes mit der deutschen Kolonialgesellschaft für Südwestafrika vom 17. Februar und 2. April 1908, die Diamantenfunde in deren Berechtigungsgebiete und die Sperrung dieses Gebietes zugunsten der Gesellschaft akut geworden ist*). Die besondere Streitfrage über die Sonderberechtigung der deutschen Kolonialgesellschaft für Südwestafrika hat im Wege gütlicher Einigung zwischen dem Kolonialamte und der Gesellschaft ihre Erledigung gefunden und ihr besonderes Interesse damit verloren. Das rechtliche Interesse besteht aber weiter; daher sollen hier die Meinungen kurz wiedergegeben werden. In der Literatur sind diese Sonderberechtigungen zum Teil als Verträge aufgefaßt worden und zwar als Verträge privatrechtlicher und öffentlichrechtlicher Natur. Die erste Ansicht ist in der Zeitschrift für Kolonialpolitik Bd. 6 S. 562 und Bd. 8 S. 52 vertreten und nimmt an, daß es sich dabei vorwiegend um bürgerlichrechtliche Übertragung der dem Landesfiskus zustehenden Rechte auf andere handelt, das Kolonialamt den Staat dabei also als Privatrechtssubjekt vertritt. Die zweite Ansicht wird vom Reichsjustizamte in dem Rechtsgutachten vertreten, das auf Ersuchen des Kolonialamtes im Falle der deutschen Kolonialgesellschaft für Südwestafrika abgegeben worden ist und diese Ansicht dürfte sich auch in der Rechtsanwendung des Kolonialamtes Geltung verschaffen. Die Sonderberechtigungen werden also auch von dieser Meinung als zweiseitige Rechtsgeschäfte aufgefaßt, bei denen das Kolonialamt den Staat aber als Träger der Staatsgewalt, nicht als Privatrechtssubjekt vertritt. Die Folgerung aus dieser Auffassung ist, daß der Staat als Vertragspartei von dem Vertrage zurücktreten kann, wenn der Sonderberechtigte als Gegenkontrahent seinen vertraglichen Verpflichtungen nicht nachkommt. So ist erst vor kurzem

*) Penels, Das Bergrechtsabkommen von 1908 und die bergrechtliche Stellung der deutschen Kolonialgesellschaft für Südwestafrika. Berlin 1910.

Denkschrift betr. die Verhältnisse im südwestafrikanischen Diamantengebiet vom 6. Januar 1910. Reichstagsdrucksache Nr. 181.

Denkschrift über Deutsch-Südwestafrika, herausgegeben von Mitgliedern des Bezirksrates Lüderitzbucht. Berlin 1910.

Hesse, Die Landfrage und die Frage der Rechtsgültigkeit der Konzessionen in Südwestafrika. Jena 1906.

Kohler und Veit Simon, Die Land- und Berggerechtsame der deutschen Kolonialgesellschaft für Südwestafrika. 2 Gutachten. Berlin 1906.

Siehe ferner Zeitschrift für Kolonialpolitik 1909 S. 534, S. 944, 1911 S. 33, 1911 S. 172; Koloniale Rundschau 1911 S. 5—22; Koloniale Zeitschrift 1911 Nr. 1 ff.

der Gesellschaft Nordwest-Kamerun ihre Sonderberechtigung entzogen worden, weil sie ihren Betriebsverpflichtungen nicht nachgekommen ist (vgl. Erlaß vom 21. September 1910 DKBl. 1911 S. 112). So sind auch früher schon andere Sonderberechtigungen aufgehoben worden, z. B. die Wandelslohkonzession (vgl. Verordnung vom 15. Mai 1908 DKBl. 512). Im Gegensatze zu dieser Vertragstheorie nimmt die Privilegientheorie ein einseitiges Rechtsgeschäft des Staates, eine staatshoheitliche Handlung an. Diese Auffassung wird besonders in der Rechtslehre vertreten, so von Hesse in der oben angeführten Schrift und von v. Stengel in Zeitschrift für Kolonialpolitik Bd. 6 S. 333; Bd. 7 S. 574. Von der Vertragstheorie unterscheidet diese Auffassung sich besonders dadurch, daß der Widerruf nicht an die besonderen Voraussetzungen des Rücktrittes vom Vertrage gebunden ist. Noch weiter von der Vertragstheorie entfernt sich die in der Zeitschrift für Kolonialpolitik Bd. 10 S. 369 vertretene Erlaubnistheorie, die in den Sonderberechtigungen nichts weiter als eine Erlaubnis zu einem besonderen Betriebe erblickt, der wegen seiner öffentlichen Bedeutung nicht jedem freigegeben ist, also Konzessionen von der gleichen Art wie die der Gewerbeordnung. In Bd. 11 S. 534 der Zeitschrift für Kolonialpolitik, wo diese Frage ausführlich behandelt wird, werden diese drei Theorien verworfen und wird im Anschluß an die Rechtslehre über die Eisenbahnkonzession die Theorie aufgestellt, daß diese Sonderberechtigungen als öffentliche Unternehmen aufzufassen seien mit Betriebspflicht und allgemeinem staatlichen Aufsichtsrecht.

Es muß hier genügen, diese Theorien kurz wiedergegeben zu haben. Ihre Berechtigung im einzelnen zu untersuchen, ginge über den Zweck dieser Arbeit hinaus. Eine solche Untersuchung müßte aber, glaube ich, zu dem Ergebnis führen, daß alle bestehenden Sonderberechtigungen sich nicht unter eine einzige Theorie bringen lassen. Die Sonderberechtigungen sind unter sich so verschieden teils im Rechtssubjekte — je nachdem einem beliebigen Dritten oder dem Landesfiskus eine Sonderberechtigung erteilt worden ist —; teils in den einzelnen Bestimmungen — so ob der Berechtigung eine Pflicht des Berechtigten gegenübersteht, z. B. eine besondere Betriebs- oder Abgabenpflicht —; teils im Entstehungsgrunde, daß die eine Sonderberechtigung ein von der anderen grundverschiedenes rechtliches Gebilde sein kann; daher jede einzelne für sich zu betrachten ist. Ist doch bei einzelnen Sonderberechtigungen wie bei der der Deutschen Kolonialgesellschaft für Südwestafrika sogar der Entstehungsgrund bestritten; ob ihre Rechtsstellung auf Verleihung oder Anerkennung der jetzt herrschenden Staatsgewalt zurückzuführen ist oder auf eine Verleihung durch die Häuptlinge als die früheren Träger der Staatsgewalt, deren Handlungen völkerrechtlich anzuerkennen seien (vgl. Köln. Ztg. vom 29. Januar 1910).

Die Streitpunkte über die Rechtsstellung der Deutschen Kolonialgesellschaft für Südwestafrika sind, wie erwähnt, durch vertragliche Auseinandersetzung beseitigt worden. Danach hat die Gesellschaft nach der durch Verordnung vom 22. September 1908 verordneten Sperrung des Diamantengebietes bis zum 30. März 1911 das ausschließliche Recht auf Aufsuchung und Gewinnung von Mineralien im Sperrgebiete gehabt. Mit dem 1. April 1911 ist dieses Recht auf den Landesfiskus übergegangen vorbehaltlich der bis dahin wohlerworbenen Berggerechtsame (Abkommen vom 28. Januar 1909 und Verordnung vom 12. Mai 1910 DKBl. 535). Die bis dahin von der Gesellschaft ordnungsmäßig belegten Schürffelder — die Gesellschaft hatte am 31. März 1911 im ganzen 4897 Felder belegt — sind noch in Bergbaufelder umzuwandeln.

Neben den Sonderberechtigungen auf Grund der §§ 93, 94 besteht noch eine Sonderberechtigung, die nicht auf Grund der Bergverordnung, sondern unmittelbar auf Grund der §§ 1, 3 SchGG. und 21 KonsGG. erteilt worden ist, nämlich die Sonderberechtigung der Landesfiski aller Schutzgebiete, die Mineralien auf dem Meeresboden aufzusuchen und zu gewinnen (KaisVdg. vom 13. Oktober 1910 RGBl. 1095). Die Gültigkeit dieser Kaiserl. Verordnung ist bestritten worden (vgl. KolZeitschr. 1911 S. 137) mit der Begründung, daß nach § 21 KonsGG. das Bergwerkseigentum zwar durch Kaiserl. Verordnung geregelt werden könne, hier aber ein formelles Reichsgesetz notwendig gewesen wäre, weil der Begriff des Bergwerkseigentums in § 21 KonsGG. nach §§ 1, 51 BergVdg. daran gebunden sei, daß die Mineralien von dem Verfügungsrechte eines Grundeigentümers ausgeschlossen sind; daß also ein Bergwerkseigentum im Sinne des § 21 KonsGG. dann nicht vorliege, wenn, wie beim Meeresboden, kein Grundeigentum vorhanden sei. An dieser Schlußfolgerung ist aber falsch, daß vom Bergwerkseigentumsbegriff der Bergverordnung, also des untergeordneten Gesetzes, auf den Bergwerkseigentumsbegriff des § 21 KonsGG., auf Grund dessen die Bergverordnung erlassen worden ist, geschlossen wird. Die Bergverordnung war zwar an die Grenzen der Ermächtigung des § 21 KonsGG. gebunden, nicht aber ist umgekehrt die Auslegung des § 21 KonsGG. an die Begriffsbestimmung der Bergverordnung gebunden. Wenn man daher auch die Meinung, daß die Bergverordnung in §§ 1, 51 für das Bergwerkseigentum das Bestehen von Grundeigentum voraussetzt, als richtig annehmen wollte, so könnte daraus doch nicht gefolgert werden, daß der Bergwerkseigentumsbegriff des § 21 KonsGG. an die gleiche Voraussetzung geknüpft ist. Und in dem Bergwerkseigentumsbegriff an sich liegt eine solche Beschränkung nicht. Das Bergwerkseigentum wird zwar in der Regel in einem gewissen Gegensatze zum Grundeigentume stehen; dieser Gegensatz ist aber nicht notwendig zum Bergwerkseigentumsbegriff. Es kann auch bestehen, wo kein Grundeigentum vorhanden ist. Sonst könnte ja an den in herrenlosen Grundstücken lagernden Mineralien auch kein Bergwerkseigentum entstehen. Es hätte übrigens zur Verleihung dieser Sonderberechtigungen an die Landesfiski nicht einmal einer Kaiserl. Verordnung bedurft; sie hätte auf Grund der §§ 94, 96 Abs. 1 auch vom Reichskanzler verliehen werden können; denn § 96 gibt dem Reichskanzler die Ermächtigung, alle anderen als die im § 1 genannten Mineralien der Bergverordnung zu unterwerfen. Nimmt man mit der obigen Meinung an, daß § 1 nur die Mineralien im Auge hat, an deren Lagerstätte ein Grundeigentumsrecht besteht, dann gehören die Mineralien, an deren Lagerstätte kein Grundeigentum besteht, eben zu den anderen Mineralien des § 96 Abs. 1. Die Verordnung ist daher auch von diesem Gesichtspunkt aus gültig, denn wenn die ermächtigte Behörde zuständig ist, kann die Verordnung nicht über die Zuständigkeit der ermächtigenden Stelle hinausgehen und daß die Bezugnahme auf eine falsche Ermächtigungsanordnung die Verordnung einer an sich zuständigen Behörde nicht ungültig macht, ist in der deutschen Verwaltungspraxis allgemein anerkannt.

FSC
www.fsc.org
MIX
Papier | Fördert gute Waldnutzung
FSC® C083411

Kolibri 360 GmbH
Ferdinand-Jühlke-Straße 7
99095 Erfurt, Deutschland
produktsicherheit@kolibri360.de